ふだんの人との関わり方やものの考え方を振り返り、
次の項目に該当する箇所をチェックしましょう。
たくさんチェックがついたタイプの傾向が高いと考えられます。
48 ～ 49 ページに、各タイプ別対応表を作成しましたので、参考にしてください。

■エクスプレッシブ傾向チェック

1	人と活気のあることをするのが好きだ	
2	細かいことはあまり気にとめない	
3	計画を立てたり、計画通りに動くのは苦手だ	
4	あきっぽいとよく言われる	
5	新しい仕事を始めるのは得意だ	
6	事務処理など、ルーティンワークは苦手だ	
7	場を仕切るのが好き、もしくは得意だ	
8	調子がいいヤツだと言われることがある	
9	話題を提供することが得意だ	
10	過去の規則や慣習にとらわれるのはおかしい	
11	人をほめるのが得意で、ほめられるのも好き	
12	意見を求められるとうれしい	
13	はじめての人とでも気軽にコミュニケーションを交わせる	
14	感情表現は豊かなほうだと思う	
15	一緒にいてよく楽しいと言われる	
	チェック合計	個

⇒裏面に続く

■エミアブル傾向チェック

1	人をサポートする仕事が好きだ	
2	決断するときは、じっくり考えたい	
3	人の心や空気を読むのが得意だ	
4	困っている人や悩んでいる人の相談を受けることが多い	
5	リスクを冒すのは苦手	
6	ビジネスよりも人を優先したい	
7	話しやすいとよく言われる	
8	相手の反応が気になる	
9	気配りができるほうだと思う	
10	できるだけ人と対立したくない	
11	頼まれるとノーと言えない	
12	感謝や労いの言葉をかけられると、やる気が湧いてくる	
13	上を目指すよりも、現場でみんなを支えたい	
14	優しい、穏やかだと言われる	
15	単独仕事より、チーム仕事のほうが好きだ	
	チェック合計	個

■アナリティカル傾向チェック

1	データや資料を集め、分析するのは苦にならない	
2	計画通りに実行するのが好きだ	
3	客観的、冷静だとよく言われる	
4	失敗や間違いは、できるだけしたくない	
5	ルーティンワークは苦にならない	
6	人から頑固、まじめと言われることがある	
7	孤立してもあまり苦にならない	
8	自分から主張することは少ない	
9	話が長いと言われる	
10	自分のことを話すのは苦手だ	
11	急に意見を求められても困る	
12	まずはリスクから考える傾向がある	
13	ひとつのことを継続して、とことんやるのが好きだ	
14	石橋をたたいて渡るほうだ	
15	感情表現はあまり豊かではない	
	チェック合計	個

☆自分のタイプがわかった人は、18ページへGO！

まずはチェック！

自分のタイプがわかるチェックリスト

■ドライビング傾向チェック

1	行動的、野心的、エネルギッシュである	
2	向上心があるほうだ	
3	決断力があるほうだ	
4	人間関係より仕事を優先したい	
5	正義感が強いほうだ	
6	ペースが速いと言われる	
7	保身的な態度を取るのは嫌いだ	
8	場を仕切ったり、リーダーシップをとることを好む	
9	自分をコントロールしようとする人には反発してしまう	
10	人に怖い、キツいと言われたことがある	
11	自分の弱いところは見せたくない	
12	人をなかなか信用しない	
13	人の気持ちには鈍感なほうだと思う	
14	優しい感情を表すことは苦手だ	
15	褒められると何か裏があるのでは？　と思うことがある	
	チェック合計	個

タイプがわかればうまくいく!

コミュニケーションスキル

脳科学解説付き!

「また会いたい」と言われる人の話し方・伝え方戦略

谷 益美×枝川義邦
Masumi Tani Yoshikuni Edagawa

SOGO HOREI PUBLISHING CO., LTD

私たち二人がこれから、
あなたのコミュニケーションが
もっとうまくいくよう
「使える方法」をお伝えします！

はじめに

「色々な人には会うけれど、なかなか次につながらない」

「がんばっているのに、周りがついてきてくれない」

もしそんなお悩みをお持ちなら、本書がお役に立てるかもしれません。

「はじめまして」が全ての始まり

こんにちは、谷益美です。

ビジネスコーチ&ファシリテーターとしてただいま起業11年目。香川を拠点に全国色々なところへ出向いては、セミナー・研修・会議など「笑える・学べる・元気になる」対話の場づくりをお手伝いしています。

起業する前の20代は、地元の中堅建材商社で5年、社員数名の小さなIT関連企業で2年と少し、営業職を担当していました。

ここでババーンと「こんな成果上げていました！」とカッコよく言いたいところですが、営業成績はいたって普通。華々しい学歴もキャリアもなく、何かスゴいことを成し遂げたわけでもありません。

にもかかわらず、今では全国の企業や官公庁・学校など、様々なクライアントから年間１５０本を超えるご依頼をいただくようになったことに、何を隠そう、私自身が一番驚いていたりします。

「どうやって仕事を回しているの？」と、色々な方から何度も聞かれて思うのは、やっぱり人のご縁のありがたさと、コミュニケーションの大切さです。

様々な企業や官公庁からお仕事をいただけるのも、また仕事を回すうえで欠かせない協力者との関係も、全ては「はじめまして」のご挨拶から始まっています。

職場で、客先で、勉強会や飲み会で、多様な人との出会いをその後につなげ、お互いにとってよりよい関係に発展させていく。そのために必要なのは、相手と自分を知るための知識を持ち、関係づくりのための「戦略」を立てること。そして、色々な相手に対応できるコミュニケーションスキルを持つことです。

コミュニケーション上手は「戦略」を立てている

戦略と言っても、決して相手を打ち負かすためのものではありません。相手との関係づくりを長期目線で考えて、対話の度に作戦を立てて臨むこと。それは、相手とよりよい「協働関係」をつくるために必要な前向きな取り組みです。

本書では、戦略を立てるときの方法や、困った相手と出会ったときの対処法、そして自分と相手を理解するための考え方や知識などを、様々な事例と日常でできるコミュニケーショントレーニングメニューも交えながらお伝えします。

効果が生まれる理由を脳科学の視点から教えてくださるのは、早稲田大学教授の枝川義邦先生＝通称・エディ先生。コミュニケーションやモチベーションをテーマにした対話型セミナー「ますみん&エディのコーチング×脳科学対談講座」でも、いつも楽しくご一緒していただいています。

「人の話をメモしながら聞くと、どんないいことがあるの？」「話しやすいとか話しにくいとか、どうしてそんな違いが出るの？」コミュニケーションに関する素朴な疑問、苦手意識も、これを機に解消させましょう。様々な研究をもとに語られるエディ先生の解説を読めば、きっと納得、何をすべきか、どうすべきかの理解もぐっと深まります。

初対面が苦手な人も、なぜか空回りしてしまうあなたも大丈夫です。うまくいく対話のコツを身につけて、色々な人と「次につながる」コミュニケーションを楽しんでいきましょう。

谷　益美

第1章

まずは相手のタイプと自分のタイプを知ろう

第2章

必ず知っておきたいコミュニケーションの基本

第3章

相手と良好な関係を築くための心構え

第4章

今日からできる！コミュニケーショントレーニング

第5章

一歩先に進む！ コミュニケーションのコツ

第1章

まずは相手のタイプと自分のタイプを知ろう

1

4つのタイプでわかる！相手と自分のタイプ

あの人はどのタイプ？　4タイプで知って対策を練ろう！

いつも元気な職場の同僚、無口な上司や口調のキツいお客さまなど、世の中には、自分と合う人・合わない人、色々なタイプの人がいます。多様な相手とコミュニケーションを楽しみたいと思うなら、まずは相手と自分のタイプについて、しっかり理解しておきましょう。

これからご紹介する「Social Style（ソーシャルスタイル）」とは、1970年代に社会学者デイビッド・メリルらが提唱した、相手と自分を知るための便利な理論です。「自己主張」と「感情表出」の二軸を使って、人のタイプを4つに分類したものです。それぞれの特徴と対応法を知ることで、よりよいアプローチを考える、使えるヒントが得られます。

冒頭に自分のタイプを知るためのチェックリストを付けていますので、まずは簡単にセルフチェックしてみましょう。

活用するうえでの注意点

ただ、最初に活用するうえで理解していただきたい点が二つあります。

ひとつ目は、相手はこうだと決めつけて、「だから合わない」「苦手だ」と切り捨てる理由にしないことです。

この理論は、相手を分析・理解して、自分の対応をどう変えればうまくいくのかを考えるためのものです。**決して自分の能力及び誰かとの関係を、努力なしであきらめるための「言い訳理論」ではありません。**

あるとき、「谷さん、困るよ」と、某企業のP社長が苦笑しながらおっしゃいました。この企業ではちょうど、ソーシャルスタイル理論を使って研修させていただいたばかりでした。

「あの研修以来、ウチの女性社員、『私は○○タイプだから、この仕事は向いていません』とか、『あの人○○タイプだから、性格合わないんですよね』とか、仕事をしない言い訳にしちゃってね……」

そう聞いて、慌てて説明時の言葉足らずをお詫びしました。そして次の研修ではしっかり説明し、フォローをさせていただいた経緯があります。

そして二つ目の注意点は、**「この人はこのタイプだ」と、当てはめることにこだわり過ぎない**ということです。人はそんなに単純ではありませんから、完全にひとつのタイプに絞り込めるはずもありません。たいていの場合、四つの傾向それぞれが、強かったり弱かったりする複合型です。接する相手やシーンに応じ、態度も様々に変化します。ですから、相手に合わせ、そのときベストの対応を選択できる自分であることが大切です。

うまくいかない相手には、違うアプローチで再チャレンジしましょう。ソーシャルスタイル理論を参考にすれば、うまくいかない理由や上手な対応法がきっと見つかります。

私自身、この理論を学ぶことで、苦手な人とのやり取りがグンと楽になりました。

まさに、「彼を知り己を知れば百戦殆《あや》うからず」。

自分と相手の傾向を知り、作戦を立ててその場に臨めば、苦手な相手に会うことも、きっと楽しみになってきます。多くの出会いを楽しみながら、どんな相手ともつながっていける対応力をしっかり磨いていきましょう。

それでは早速、４つのタイプを大まかにご紹介します。

1

「指図されるのは大嫌い。思い通りにやらせてよ」タイプ（現実派）

Driving（ドライビング）（自己主張：強／感情表出：弱）

生まれつきのリーダー気質。戦略、勝負が大好きで、指示されるのが大嫌い。自分の道は自分で決めるタイプ。褒められなくても平気です。

強み：判断、決断が速い／打たれ強い／自己主張できる／ドライ

弱み：褒めること、相手に合わせることが苦手／怖いと言われる

2

「楽しくなければ意味がない。盛り上がって行こう！」タイプ（感覚派）

Expressive（エクスプレッシブ）（自己主張：強／感情表出：強）

仕事も勉強も楽しくなくちゃ！　サプライズが大好きで、何とかなるさと楽観的。細かいことは気にしない。やってみてから考えます。

強み：アイデア豊富／行動力／周りを巻き込む／社交性／ノリと勢い

弱み：忘れっぽい／飽きっぽい／ルーティンが苦手／地道な努力

3

「みんなのためなら頑張れる。きちんとお役に立ちたい」タイプ（協調派）
Amiable（エミアブル）（自己主張：弱／感情表出：強）

人間関係に波風立てず、常に穏やか。「困っている人はいないかな、期待されていることは何だろう」「みんなのためなら頑張れます」というタイプ。

強み：親切／優しい／気配り／サポート／思いやり／癒し

弱み：決断できない／プレッシャーに弱い／人前で話すこと

4

「やるべきことは正確に。計画通りに進めましょう」タイプ（思考派）
Analytical（アナリティカル）（自己主張：弱／感情表出：弱）

まずは計画、事前準備。自分の専門を大切に、ミスは少なく確実に。いつも通りにきちんとやろう。コツコツ継続してこそ価値があると考えています。

強み：正確／コツコツ／継続／分析／調査／マイペース／計画／現実主義

弱み：行動が遅め／話が長い／人付き合い／雑談／アイデア出し

「どれもピンと来ない」とか「どれもあてはまる」という場合はバランス型です。自分の感情に関係なく、相手や場面に合わせながら、その場で態度を変えていく傾向があるでしょうか。この傾向は市役所や県庁、行政の現場担当者など、個性を出さずに淡々と物事を処理していく組織で働く方に多く見られます。

どのタイプが良い、悪いということではありません。占いではありませんから、分類して終わりでもありません。

ソーシャルスタイルは、人それぞれのコミュニケーションの傾向=クセを知り、自己流コミュニケーションの幅を広げて対応力を上げる、そのためのヒントとなる理論です。

自分の傾向がわかったら、あとは相手を分析し、個別対応していきます。自分の身の周りの人を思い浮かべながら、「あの人の傾向はどうだろう」と想像しつつ、読み進めましょう。

図１「ソーシャルスタイル」で知る４タイプ

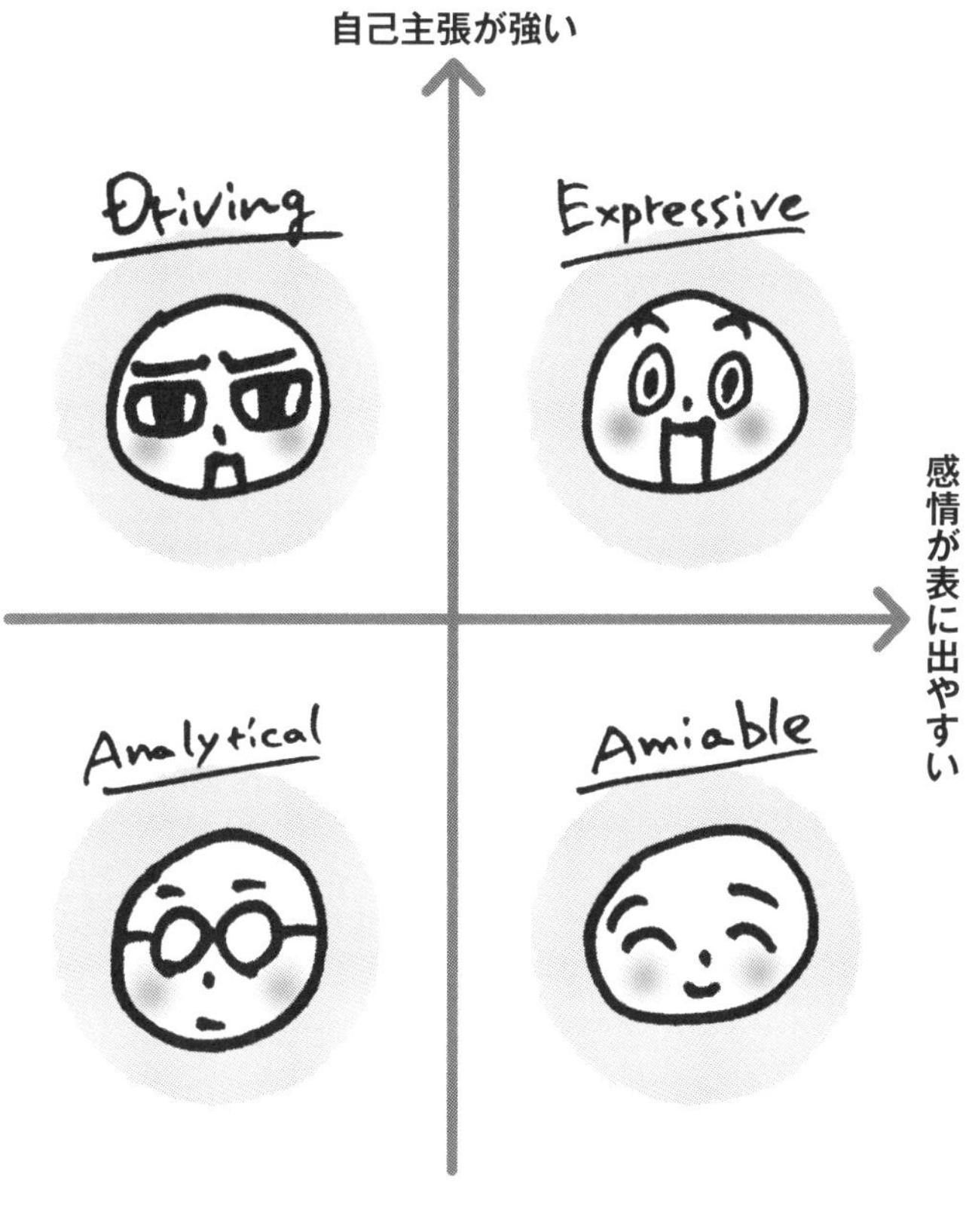

2

ドライビングタイプは「社長」。上手に判断をゆだねよう！

主張はストレート。上昇志向で、指図されるのがキライ

まずご紹介するのはドライビングタイプです。
何でも自分がしっかりコントロールしたいこのタイプの人は、**他人に指図されることを、ことのほか嫌います**。

指図されたくありませんから、上昇志向が高く、指示する側にまわりたいという意欲も高めです。色々な業界で研修をさせていただいて感じるのは、ある程度大きな企業の管理職、そしてオーナー系の経営者、開業医、コンサルタントや弁護士をはじめとする士業の方など、「人の上に立つ」ほとんどの方が、この傾向を持っているということです。

自分の意見をハッキリ主張し、優しい感情をあまり出さないドライビングは、ともすれば「怖くて頑固な人」だと思われがちです。結果、周りに人が寄ってこず、活発な議論も生まれないので、「ウチの社員は物足りない」とぼやく社長もたくさんいます。

「ウチの社長、ドライビングだと思うんですが、すぐ怒るんです。ドライビング傾向の人って、感情をあんまり出さないんですよね？」

とは、時々いただく質問です。

思うに「怒り」は、非常に強い自己主張です。**「それはおかしい」「こうあるべき」と、怒りをストレートにぶつけてくるのも、ドライビングの特徴**だと理解しましょう。

「記憶に残す」ことを心がけよう

ドライビングタイプの人と出会ったときは、「**相手の記憶に残すこと**」を意識します。冒頭でお伝えしたとおり、誰かに指図されず、自分で判断したいのがドライビングの大きな特徴です。「こうしませんか」「やりましょう」という提案も、他者主導だと嫌がることもあります。**ドライビングがほしがる情報を提供して、最終的には「自分が判断した」と感じさせることがポイントです。**

そして、次の予定を入れるのは、ドライビングの人自身が必要と判断してから。相手は一体どんな人物か、自分に役立つ相手なのかを実績・スキル・能力などのスペックで評価し終えてからです。人柄や相性も、もちろん重視はするのですが、あくまで一要素にすぎません。「いい人だから」といった曖昧な理由では動かないのが、ドライビングタイプの特徴です。相手の**肩書きや組織規模、どんな立場にいる人なのかを重要視します。**

「すごいですね」の相づちより「実績」が効く

コミュニケーションに関しては、質問されるのも褒められるのも好きではありません。「それじゃ、取りつく島ないじゃん！」と思うかもしれませんが、もちろんそんなことはありません。

ドライビングの警戒心が高いのは、出会いの最初、まだまだ相手の見極めができていないときです。相手の手の内を知る前に自分の手の内を見せるのは、自分で自分の人生を「ドライブ」したいドライビングにとっては自殺行為です。

相手の意図がわからないうちに質問に答えたり、「すごいですね！」と褒められて、安易に心を許すことはありません。警戒心を緩めるのは、相手の意図を理解して、自分の発言や対応がどう扱われるかがわかり、害がないと判断してからです。だからこそ、**ドライビングタイプの相手に出会ったら、できるだけ**

わかりやすく、あなた自身のことを伝えることを優先させます。

その際、肩書き、実績をコンパクトに、自分の価値を凝縮して伝えるフレーズが必要です。実績を語る場合は、数字が欠かせません。自分のことをしっかり数字で語れるように、ふだんから準備しておきましょう。

やり取りを重ね、「自分にとって価値がある、付き合うに足る相手だ」と評価すると、ここからのドライビングの行動は迅速です。

必要だと判断したら即連絡。「いつまでにこうしよう」と計画を定め、「予算はこれで納期はこう、提案書もいつまでに」と、指示も素早く、一方的です。ついつい勢いに押されがちですが、もし修正が必要なら、ここでしっかり主張しましょう。

遠回しな言い方はNG。【コト】を話題にしよう

ドライビングは戦いによって相手を知る、斬った張ったを恐れぬタイプです。したがって他者の主張に求めるのは、**しっかりした理論と根拠**です。ただし自分の「正義」を優先するドライビングタイプの主張には、こちらから見て筋が通らない場合もあります。

そんな場合の反論は、短く単刀直入に。遠回しな言い方を嫌いますから、**淡々と感情を交えずに、理由も含めてシンプルに伝えるのが得策**です。ポイントは、「**敬意を持って**」「**【コト】を話題にする**」ということです。

「あなたの主張はおかしいと思う」と、ドライビング自身を話題にする【人】目線でのやり取りは、興味外。気分を悪くすることはあっても、「なるほどなあ」と、改善に向けて動くことは期待薄です。

「目的を考えると、こうすべきではないでしょうか？」など、できるだけ【コト】を話題に進めましょう。ドライビングとコミュニケーションするときの主語は【コト】。目的、ビジョン、タスク、性能、品質などについて語り合うほうが、話はスムーズに進みます。

また、まだ関係性の浅いうちは、**ストレートな指摘は避けたほうが賢明**です。上下関係をハッキリさせたいドライビングにとって、自分を負かそうとする相手、コントロールしようとする相手は〝敵〟です。切り捨てOKな相手であれば、付き合い不要と判断しがちです。まずは「こいつはよくわかっている」と思わせることを優先させるように心得ましょう。

図２　ドライビングタイプの対応法

見分け方

- 基本的に早口。断定的にしゃべる
- 自己主張をしっかりする
- 上から目線／威張る／「怖そう」と感じさせる

効果的な対応方法

- 「教えてほしい」という姿勢を見せる
- 情報をしっかり伝え、判断は委ねる

具体的な声かけ例

- 「○○について教えていただけませんか？」
- 「○○さんのご意見をぜひお聞かせください」

効果的な褒め方

×「すごいですね」「さすがです」
○「Ａさんを見習って自分も○○しています」
「勉強させていただいています」

3

エクスプレッシブタイプはノリ重視。その場で決めよう！

「なんとかなるさ」で場を盛り上げるアイデアマン

エクスプレッシブタイプは**お調子者で元気よく、その場を明るく変化させるムードメーカー的存在**です。「はじめまして」の瞬間から、フレンドリーで距離が近いのが特徴のひとつ。どうせなら楽しく盛り上がるべしと思っていますから、真面目な固い場は苦手です。

ノリとイキオイが身上で、「なんとかなるさ」と楽観的です。自分のアイデアや想いを実現させようと行動的な方も多いので、起業家の集まりや、サービス系、ベンチャー関連の人が多く集まる場に行くと、たくさん出会えます。「こんなことできたらおもしろいと思うんだよね！」と、プロジェクトを立ち上げて、「後は任せた！」と、フェードアウトすることもしばしば。朝令暮改は当たり前、一歩間違えば、周りを振り回す〝困ったアイデアマン〟とも言えます。

顧客対応などの**現場対応や新規案件の対応は得意ですが、後のフォローが苦手という方が多いのも、このタイプの特徴です**。

研修や会議でも、ディスカッションは得意ですが、じっと座って話を聞くのは苦手です。こっそり内職を始めたり、隣の人とおしゃべりしたり、ある意味とても子どもっぽい、しかし何だか憎めない雰囲気を持っています。

「予定を入れる」ことを心がけよう

エクスプレッシブタイプの相手と出会ったら、その場のゴールは次の予定を入れることです。

ノリと流れでテンポよく、楽しく物事が決まっていくことを好みますが、縛られるのはキライですから、「変更ありで、仮で決めとこう！」と自由度を感じさせることも大事です。

盛り上がるのも早いのですが、忘れるのも早いのがこのタイプ。「今度飲みに行こうよ！」「いいね！」となったら、「いつにする？」とついでに予定も決めてしまいましょう。

また、この傾向を持つ方との会話のコツは、「**盛り上げること**」です。

「そんな話題、持っていないよ」と思ったとしても大丈夫です。エクスプレッシブに必要なのは、話をふむふむと聞いてくれる、「そうなんだ！」と盛り上がってくれる、盛り上げ上手な聞き手です。ニコニコしながら「へえ！」「なるほど！」「いいね！」など、びっくりマークをつけながら、少々オーバーに聞くのがコツです。会話の中でパチパチと、なぜか手を叩きながら盛り上がる人がいたらエクスプレッシブの可能性大。この傾向を持つ方々は、たとえ聞き手に回っても、場を盛り上げることを忘れません。

興味関心の矛先は【人】

そして【コト】重視のドライビングとは対照的に、**エクスプレッシブの興味関心の向き先は【人】**です。この人と一緒にいて楽しいか、何か新しいものが生まれそうかを重視します。学歴、職業、肩書きなど、人をスペックでみるのではなく、**相手との相性や、キャラクターを重視**します。ユニークだとかオリジナルだとか、そんな要素を見つけると、目をキラキラさせて近づいてくることもあります。「あんた、オモロいな」で仲良くなれる関西人のノリを想像してもらえると、わかりやすいかもしれません。

ただし、自分の話も人の話も結構キレイに忘れますから、「連絡するね！」「資料送りますね！」といった口約束は守られないかもしれないと、予測を立てておきましょう。

「それじゃ困るよ」という場合は、「もし連絡がなかったら、こっちからさせてもらうね」とリマインド予告しておくのがコツ。もしくは、口頭約束の後に、ちゃんとメールで内容をまとめ、相手に送っておきましょう。

しつこくされるのがキライなわりに、「言ってくれたらよかったのに」と、自分が忘れていたのを棚に上げて、口を尖らせるエクスプレッシブ。なんていい加減な、と思うかもしれませんが、そこを責めてもいい関係は築けません。

こんな気ままワガママ自由人を憎めないなあと思うなら、上手に相手をマネージメントする「マネージャー」的存在になるのもコツです。いいところは盛り上げて、改善すべき点は後方支援、指摘するときも「これはおかしいよ」ではなくて、**「こうされると悲しいよ」とエクスプレッシブの影響力を話題にして、自分の気持ちを伝えましょう。**

図３　エクスプレッシブタイプの対応法

見分け方

- テンポよくしゃべる
- 擬音語や擬態語を多用する（「どーんと行きましょう！」など）
- 表情が豊か／話が大げさになりがち
（子どもっぽい表情や行動を取る）

効果的な対応方法

- 多少大げさな相づちを意識しながら、会話を楽しむ
（「それで、それで？」「うん、うん」「へえ～！」など）
- 一緒にいられる時間をあらかじめ伝える
（話が長引く傾向にあるため）

具体的な声かけ例

- 「どう思いますか？」
- 「何かアイデアありませんか？」

効果的な褒め方

○「すごいですね」「さすがです」
◎「Ａさんといると楽しいです！」
⇒ポジティブな影響力を発揮していることを伝える

4

エミアブルタイプはじっくり派。共感を重視しよう！

「いい人」＋サポート役。時間をかけて仲良くなろう

三つ目にご紹介するのは、エミアブルタイプです。

ニコニコ笑顔で優しい雰囲気を持ち、男女問わず癒し系のエミアブル。頼まれごとにもNOと言えず、抱え込んでは苦労しがちです。それでも役に立つならと、ついつい頑張っちゃうこのタイプ、一言で言えば「**いい人**」です。押されると断れないので、そもそも押しの強い相手は苦手です。相手のことをじっくり知って、徐々に仲良くなる。そんなつながり方を好みます。

仕事の場では、自分が上に立つよりも、人を助けるサポートが得意です。職業で言えば、サポートセンターや介護職、福祉関係の仕事に多いタイプと言えます。よく気がつき、指示された仕事もきちんとこなしますが、人を引っ張る、自分からアイデアを出して動くなど、リーダー的な役割は苦手です。他者優先の価値観を持っていますから、自分の意見が周りにどう取られるか、影響するかを色々気にして優柔不断。人間関係・チームワーク重視、誰かの期待に応えるのを好む、基本フォロワータイプです。

ただし誤解しないでいただきたいのは、決して自分の意見がないのではなく、強く主張しないだけだということです。**自分の意見で争いごとが生まれるなら、出さないほうがずっといい。そんな無意識の決断を、常に胸に秘めています。**

そして、相手重視のエミアブルは、**自分が果たして役に立っているか、期待にちゃんと応えているかをいつもどこかで気にしています。**この場の雰囲気を壊していないかな、相手を不快にさせていないかなと、ちょっぴり心配性。それが過ぎると、周りの人への依存度合いが高くなり、トラブルになることもあります。

周りと一緒だと安心する安定志向のエミアブル。

学校でも仲間内でも、勝った・負けたの競争から遠ざかっている20代の人たちと接していると、この傾向を持っている人が増えてきたなと感じます。

「接点」を作ってつながろう

「はじめまして」の相手が苦手な人見知りのエミアブルは、そもそも交流の場に積極的には出掛けません。誰かに誘われて断れず、頼まれたから仕方なく、など消極的姿勢で参加していることも多いもの。しかし、エクスプレッシブと同様に、エミアブルも**【人】**重視です。参加動機は消極的でも、どうせ参加するなら心地良く、みんなと仲良く過ごしたいと思っている人もたくさんいます。

「人見知りな性格を何とかしたいんです……」

と言うのも、そのほとんどはエミアブルタイプ。話しかけられても、気の効いた一言が返せない、そんな自分を申し訳ない、変わりたいと思う方が多いのかもしれません。

人と仲良くするのが好きで、しかし少々及び腰なエミアブルに、どんどん押すのは逆効果です。「はじめまして」のシーンでは、ＳＮＳや共通の話題など、接点を持つことを目指しましょう。

共通の話題が見つかれば、「こんな集まりもありますよ」「先日こんな情報を見つけましたよ」と、色々話も盛り上がります。どちらかと言えば受け身なエミアブル、聞くのは得意ですが、話すのが苦手です。自分の話をニコニコ笑顔で聞いてくれると安心して、おしゃべりも弾みリラックス。相手のペースに合わせたうなづき、相づち、反応で、エミアブルにも**「この人なんだか話しやす**

い」と思ってもらえる聞き上手を目指しましょう。

ギリギリまでため込む我慢強いエミアブル

そしてもうひとつ、エミアブルには、継続する関係の中でこそ「親しき仲にも礼儀あり」を忘れずに対応したいものです。たとえ仕事の依頼であっても、「ありがとう」「助かります」という労いの言葉が響きます。「当たり前のことだから、別に言わなくても平気だよね」とないがしろにしていると、ある時プッリと関係終了。そんなこともあり得ます。

我慢強いエミアブルは、不満をギリギリまで溜め込みがちです。「自分は必要とされていない」と思ったときに、ふっと気持ちを失います。もしみなさんの上司やリーダーがエミアブルなら、なおのこと。**いつもの頑張りに感謝の声をかけ、「手伝いましょうか」という気遣いを、どうか忘れずにいてください。**

図４　エミアブルタイプの対応法

見分け方

- 口調はゆっくり、おだやかにしゃべる
- 話すことより聞くのが得意
- ニコニコしながらよくうなずく

効果的な対応方法

- 折に触れて感謝の気持ちを伝える
- 「あなたの」意見が知りたいとアプローチする
（相手が喜ぶ意見を口にする傾向があるため）

具体的な声かけ例

- 「いつも本当にありがとう。この件について B さんの意見を聞きたいのだけど、聞かせてもらえますか？」
- 「お会いできてよかった！　またお会いできるのを楽しみにしていますね」

効果的な褒め方

×「すごいですね」「B さんって優しいですね」
（褒めても謙遜するだけ）
○「ありがとうございます」「助かりました」「あなたがいてくれて良かったです」など

5

アナリティカルタイプは理論派。データを活用しよう！

正確性を求めるアナリティカル

アナリティカルタイプは主張もしない、感情も出さない、「一体アイツは何考えてんだ？」と思われることもあるタイプです。黙々と作業を進める職人、研究者、システムエンジニアやプログラマー、事務処理担当など、**毎日コツコツ正確性を求められる職業の人に多い**と言えます。また、技術や知識を求められる業界の営業職の方の中にも、結構な割合でいます。

話さないからと言って、もちろん意見がないわけではありません。が、人の上に立って引っ張って行くリーダータイプではありませんから、意見を言うのは求められてから。正しい答えを出したいと思う人も多いので、熟考し過ぎて、人の対話のペースと合わず、発言の機会を逃してしまう人も結構います。

「僕の話を聞いてくれたのは、谷さんだけでした」

独立のため職場を離れる私に、こんな言葉をくれたのは、数日黙っていても平気という寡黙な若きシステムエンジニアのEくん。「この件についてどう思う？」と聞くとじいっと黙り込み、考え込んだまま平気でしばらく沈黙する彼の言葉を、ゆっくり待てる人は少数派でした。「僕のペースに合わせてくれた」と言われてうれしい気持ちが半分と、「やっぱり話したかったんだ！」とビックリな気持ち半分の彼との会話が忘れられません。

そんなアナリティカルの関心は、ドライビングと同じく【コト】。自分の専門領域や、興味を感じるテーマについては貪欲に、情報収集、データ分析。正確さが身上ですから、資料集めもしっかりします。

ふだんはあまりしゃべらないのに、自分の趣味の話になると、ひたすら蘊蓄《うんちく》を語り出すタイプはアナリティカルな可能性が高いです。こだわりの強い、オタクタイプとも言えるかもしれません。

出会いのゴールは「専門性を見極める」

人と関わることよりも、自分の専門、関心事にこそ興味を向けるのがアナリティカルタイプです。勉強会や講演会に参加するのは、決して出会いが目的ではなく、情報収集や勉強自体が目的です。

対話するより講義を聞きたい、人に聞くより本を読もう、ネットで自分で調べよう。そう考えるアナリティカルタイプは、多くの場合、出不精です。必要がなければわざわざ人にも話しかけたりしませんし、黙っていても平気です。

そんなアナリティカルタイプとの出会いのゴールは、相手の専門性や、興味の範囲を見極めることです。基本、自分から働きかけるタイプではありませんから、アナリティカルな人側から発信してつながることは望み薄。こちらが相手を知ることで、必要になったら連絡できる状態を目指しましょう。

ただ、「はじめまして」の現場では、人付き合いがどちらかと言えば苦手なアナリティカルに、いきなり近づいても敬遠されがち。もし誰か知り合いがいたら、紹介してもらうのが無難です。

そしてもう一つ、**アナリティカルタイプとの関係づくりは長期戦**です。会ったその日に盛り上がるといった期待は横に置いて、まずはお互いの情報交換、知り合えたらＯＫと、ゴールは低めに設定します。

どこかのタイミングで、趣味や仕事、アナリティカルタイプのこだわり領域が見つかれば、楽しく話も盛り上がります。これは、あれはと、説明し出すとハマりますから、興味を持って、勉強のつもりで聞きましょう。

取り掛かりは遅くても、実行力の高いアナリティカル

仕事の現場で考えてみると、アナリティカルの中には、石橋を叩いて叩いて叩き割る用心深い人も多くいて、どちらかと言えば取り掛かりは遅めです。しっかり計画を立て、リスクを予測したうえで、慎重に仕事を進めます。きちんと計画が決まっていれば粛々と進めていきますから、作業の精度・実行度合いが高いのも特徴です。

きちんと旅程やスケジュールを立て、その通りに進むと一安心。サプライズよりも、先を見通す安心感を好みます。

ですから突然の予定変更、軌道修正など、臨機応変な対応は苦手です。融通が利かない、とも言えますが、ある程度変更リスクを事前に伝えていれば、ちゃんと準備して対応しようと努力する、コツコツ型の人でもあります。

図５　アナリティカルタイプの対応法

見分け方

- 口調は遅い。口数も少ない
- 「何を考えているのかわからない」と誤解されがち

効果的な対応方法

- 話をするときは、数字などの客観的データを活用して具体的かつ正確に
- 意見を聞きたいときは事前に質問を伝え、考える時間をあらかじめ設ける

具体的な声かけ例

- 「この計画、今こういう状態なんだけど、○○（具体的な数字など）にするためにいい方法を考えてくれないかな。来週木曜の会議で聞かせてね」
- 「今月の営業目標、どんな状況？　顧客分析の結果を後で教えてください」

効果的な褒め方

「Cさんの△△の知識、仕事で××するときにすごく役に立ってありがたいです」
（専門的な知識に対し、どこがすごいのか具体的に褒める）

エクスプレッシブ	エミアブル	アナリティカル
しゃべり過ぎない。ムダ話に注意しよう	相手の正義は何かを考えよう	伝達事項を連絡⇒理由⇒概要説明と、システマチックに話をしよう
双方忘れっぽいので、サポートメンバーを巻き込もう	ムチャぶりされたら遠慮なく断ろう	指摘したくなったら、要点を2～3個に絞って行なおう
相手の話を横取りしないようにしよう	リーダーシップを発揮して状況を前に進めよう	話すことはなくても、せめて挨拶をにこやかにしよう
即答を期待せず、沈黙も大事だと理解しよう	愛想は無くて当たり前と割り切ろう	アイデアが必要なときは、違うタイプのメンバーを巻き込もう

図6 タイプ別対応法

相手＼あなた		ドライビング
対ドライビング		競争心はほどほどに、さっさと情報を開示しよう
対エクスプレッシブ		雑談で盛り上がるのもたまには大事にしよう
対エミアブル		できるだけ労いの言葉をかけるようにしよう
対アナリティカル		報告などは文書にまとめてもらおう

6

まずは自分らしい丁寧な対応を

「はじめて会う人には、どうやってタイプ別に対応したらいいんだろう?」

そんなあなたに最初にオススメしたいのは、自分らしく丁寧な、当たり前のコミュニケーション。はじめてのお相手には、笑顔で挨拶をし、まずは丁寧な言葉遣いで接しましょう。最初から相手に合わせなければ、と力むのではなく、自分なりの通常対応を取りながら、徐々に相手に合わせていくのがポイントです。

明るい笑顔で落ち着きを持って、まずは丁寧語で話し、自分がこの場にいる目的や、訪問目的を明確に、短く自分をＰＲします。

伝えるときは、まずは結論です。**説明も、短く&わかりやすく**を心がけます。

相手の話を聞きたいときは、「教えてください」と、少し下手に出るのがベターです。

そしてこの間に相手を観察し、だいたいのアタリを付けていきます。こちらの言葉にどう反応するか、どんな言葉を返すのか。相手のことを理解するヒントは、交わす会話の中にこそ隠れています。しっかり意識さえしておけば、色々な違いに気づくことができるようになってきます。

たった一言でタイプを見極める方法

たとえば相手に一言「スゴいですね！」と言ったとき。


「普通でしょ」と返すのは、完璧主義で褒められ嫌いなドライビングタイプ。

「いやいやいや」と言いつつも、何だかうれしそうならエクスプレッシブタイプ。

「いやいやいや」と謙遜恐縮エミアブルタイプは、変な言い訳を始めることも。

「そうですか？」と、反応が薄く、響かないのはアナリティカルタイプです。

返ってくる相手の反応を見ながらこちらの態度を少しずつ変え、使う言葉や質問の仕方もタイプに合わせて変えていきます。

「相手に合わせて態度を変えるって、なんだかイヤラシくないですか」

もしかしたら、そんな風に思うでしょうか。

正直でいたい、自然体で接したい。人に対して誠実でありたいと考える、多くの方からそう聞かれます。

そんな方にこそ伝えたいのが、多様な相手とうまく協働関係を築くための「相手目線」の考え方です。

ちゃんと相手に伝えたいから、相手に伝わる言葉を選ぶ。

相手にイヤな思いをさせぬよう、適切な態度を取ろうと努力する。

それはとても真摯で素敵な「一歩上をいくコミュニケーション」。周りも自分も幸せにします。**相手に合わせて自分の態度を変えるのは、決していやらしいことではありません。**

「相手といい関係を築きたい」

そう思う気持ちにまっすぐ誠実に、向かっていっていただきたいと思います。

エディ先生のワンポイント解説

タイプ分けの効果

本文で紹介したタイプ分けは、人が目の前の情報を脳に取り入れるときの「認知負荷」を下げる効果があります。

初対面など、相手の情報が少ない状態で会わなければならない場合、人はまず、相手が自分にとってどのような対象なのかということに意識を向けます。たとえば、「この人は、一体どんなことを考えているのだろうか？」「この人は安心感を抱いてもいい人なのだろうか？」などと、どういう性質の人なのかということについて思いを巡らせるものです。

ほかにも、発言の行間を読んだり、動作に込められた意味を考えています。この間、脳は認知負荷が高い情報を処理していることになります。メモリの容量を多く必要とし、処理するのにエネルギーを使うことから、心理的に「めんどくさい」「なんか嫌だ」といった感情に結びつきやすくなります。

しかし、タイプ分けがうまくできると、このような複雑さは解消され、それぞれが4つのタイプのどれかに属することになるので、いわば「タグ付け」がなされた状態になります。これで、認知負荷が低い状態で相手を捉えることが可能になります。そうなると、そのタイプの典型例と大筋は同じだという安心感を抱くことができ、そしてその典型例と違うところだけに注目していけばよくなるため、その人の「個性」の理解も早く、受け入れやすくなって、コミュニケーションを円滑にすることが期待できます。

7

次につなげる4ステップ

相手の「やりたい」気持ちを借りて、仕事は始まる

誰かと出会っておしゃべりしながら気がつけば、新しい計画が始まっていた。私が関わる企画は、こんな風に、たいてい誰かとの出会いがきっかけで自然発生的に生まれ、やらせてもらっているものばかりです。

そもそも主催企画が苦手で、何かを立ち上げることに基本受け身でいましたから、私の中に「何かをやりたい、成し遂げたい！」という熱い想いは今でも決して強くはありません。しかし多くの人と出会う中で、「一緒にやれたら楽し

いな、この人とならこんなことができるかもしれない」など、小さなアイデアを思いつくことが増えてきました。

そもそも「この人と一緒ならやりたい」という、〝協働希望〟ですから、相手からも「いいね、やろう！」と思ってもらわなければ、事は前に進みません。

「そこが難しいんですよ。一体どうやってるんですか？」

と、色々な人に聞かれたおかげで発見したのが、次につなげる4ステップです。

ここからは、相手から見た自分自身のポジショニングをどうするか、そして具体的に、どんな風に進めるのかの最短コースを、順を追ってお伝えしていこうと思います。

Step 1

嫌われるより好かれるが勝ち：お互いの「好意」を引き出そう

「会った瞬間、目の下のクマがスゴくて顔色は悪い。髪も服装もちぐはぐで、この人無理だと思ったのよね」

とは、今の結婚相手とのなれそめを話してくれた友人Hさん。

第一印象は最悪でした。しかし、その後色々リカバリされて、結局ご縁がつながったと話す彼女のような、素敵な出会いも確かにあります。

「相手にインパクトを与えたい」「忘れぬ記憶を植え付けたい」と思うなら、あえて第一印象を強烈に外してみるという作戦もアリかもしれません。

ですが、出会ったその場でおしゃべりができるような普通の出会いを望むなら、まずは相手に不快感を与えない、少なくとも嫌われないように意識することも大切です。

身だしなみをきちんとしよう、挨拶は元気よく、言葉遣いは丁寧に。など、小学校でも教えられた人と会うときの基本のルールは、大人も子どもも関係なく当てはまります。

出会った瞬間、「なんかイヤだ」と思われていては、そもそも会話も始まりません。

できることなら好印象を持ってもらいたいものです。第4章にある「今日からできる！　コミュニケーショントレーニング」を参考に、相手にどう見せるかを意識して、しっかり実践してください。

「でも、別に相手に好かれたいとは思わないしなあ……」

ある日、夜の居酒屋で、友人と人間関係について話していると、メンバーの一人がこう漏らしました。その言葉に、周りのみんなも「私も」「オレも」と、うなずきながら同意。もしかしたらみなさんも、そんな風に思うでしょうか。

「相手に媚びてまで好かれたくない。好かれなくても困らない」
「そもそも仕事に『好き嫌い』を持ち込むこと自体、ナンセンス」

そんな話にうなずきつつ、「でもさ」と伝えた私の主張は
「好かれたほうが、便利じゃない？」

一緒に何かをやろうと誰かを誘うとき、相手が好意を持ってくれていたら、きっと話はよりスムーズに運びます。自分自身に置き換えてみると、一緒の時間を過ごしたり、何かを始めるときに誘うのは、嫌いな相手より好きな相手です。どうしてもその企画に必要な専門家なら別ですが、嫌いな相手にわざわざ声を掛けようとは思いません。

たとえばこちらが誘う側で、能力・知識を持っている替えが利かない相手から「アイツ嫌い」と思われていたら、一緒にやろうと誘うのも、始まってからの意思疎通も、随分時間がかかりそうです。

多様な人と協働して楽しく進めていきたいなら、嫌われるよりも好かれるほうがいいですし、そのほうが、コミュニケーションもスムーズです。

もちろんそれでも、じゃあ全ての人とうまくいくのか、誰一人として嫌わないのかと言われれば、残念ながらそんなことはありえません。

「あの人が来るなら、今回はパス」

「あー、◯◯さん。あの人はNGなんだよね」

色々な講座や飲み会などを企画して声をかけると、思いのほか、こう言う人が多いことに驚かされます。もちろんみんなそれぞれに、個性も事情もありますから、どうも合わない、会いたくない、そんな気持ちもわかるような気がします。

それでもできれば嫌うことも、嫌われることも少なくしたいなら、人が「嫌う原因」を理解しておきましょう。

嫌われないために、自分が「安全である」ことを伝える

『「ひとを〈嫌う〉ということ」』（KADOKAWA）の著者で哲学者の中島義道氏は、人を嫌う原因は以下の八つにあると考察しています。

一、相手が自分の期待に応えてくれないこと。
二、相手が現在あるいは将来自分に危害（損失）を加える恐れがあること。
三、相手に対する嫉妬。
四、相手に対する軽蔑。
五、相手が自分を「軽蔑している」という感じがすること。

六、相手が自分を「嫌っている」という感じがすること。
七、相手に対する絶対的無関心。
八、相手に対する生理的、観念的な拒絶反応。

ほとんどのケースは（一）が基盤となり、（三）ないし（四）へと移行してゆき、最終的には（八）へと発展していって、「嫌い」は完成される。

こちらを参考に考えてみると、まずは相手に「危害を加えない、安全ですよ」と伝えることが重要です。
握手ももとは、「武器は持っていませんよ、安全ですよ」というメッセージです。笑顔も同じく敵意がないことを示す表情なわけですから、なるほどなあと思います。

そしてもうひとつ大切なのは、こちらから相手のことを軽蔑しない、嫌わない、ということです。

「軽蔑なんてしませんよ」と思うかもしれませんが、私たちは過去の体験や知識から、相手のことを無意識についつい低く見たり、合わないと決めつけてしまったりすることがあります。


「こういう雰囲気の人とは合わないんだよね」

「うわ、この人の話し方、○○さん（苦手な人）とそっくりじゃん……」


そんな風に思うのは、きっと過去に似たような人との体験があるからです。

私たちはみんなそれぞれ、自分の都合で世界を見る「思い込みメガネ」をかけています。職業、性別、世代や学歴、服装や雰囲気で、相手のことを判断したり、侮ったりします。職場や趣味の集まりなど、長く続く関係では、過去の体験や出来事で、つい相手のことを下に見ることもあるかもしれません。

「ヤバい」と思えば近づかない、警戒心も場合によってはもちろん大切だと思います。ですが、いつも出会ったときから、相手を否定的に見ていたのでは、始まるものも始まりません。

せっかくのご縁なのですから、どうせならまずは相手を好意的に見て、ニッコリ笑って礼儀正しく。「思い込みメガネ」をいったん外し、相手の素敵なところを見つけるつもりで接すれば、自ずと姿勢も変わります。

出会いを楽しむ姿勢を持って、お互いの好意を引き出し合っていきましょう。

Step2

あなたにもっと話したくなる：相手にとっての「理解者」になろう

「谷さんとの時間は、雑談の中にも色々な気づきがあるので楽しみです」

あるとき、ここ数年お世話になっている某企業の、男性マネージャーのIさんから、こんな風に言っていただきました。

では、何か鋭いアドバイスや、スゴい話をしているのかと言えば、決してそうではありません。

「……大したことを言うわけじゃないのに、なんかすごく響くんだよね」

と、同じくAさんは、先の言葉に続けながら、不思議そうにつぶやきます。

不本意ながら（笑）、そうなんです。

私がやっていることと言えば、相手の話を否定せず、肯定的にふむふむと聞き、要約して伝え直すことです。加えて、相手が語らぬ曖昧な部分を、質問しながら引き出すのみ。時には情報提供やアドバイスをすることもありますが、それは次のStep3に入ってからです。

Step2のポイントは、

「この人、私のことを、私以上にわかってくれている！」

そう相手が感じるほどに、相手のことをしっかり聞いて返すことです。コツは、**相手の話をわかりやすく、まとめて伝え直すこと**。目指すポジションは相手にとっての「理解者」です。相手の想いや気持ちなど、何を感じて考えているか、気がかりは何で、どんな希望を持っているかを話の中から引き出して、鏡のように相手の姿を映し出します。

「それって、コーチングしてるってこと?」

と思ったあなたはご名答。

引き出すコミュニケーション=「コーチング」は、ぜひふだんの会話の中でこそ活用してほしい、大変便利な「人間関係構築スキル」です。

決して部下育成の現場とか、面談だけに使うスキルではありません。「もっと知りたい!」と思った方は、本や講座で勉強するのもオススメです。

【コーチングとは】

色々なことを相手に対し、教え込むのが「ティーチング」です。相手は受け身で聞き手です。それに対して相手から、意見や考えを引き出していくのが「コーチング」です。相手は話し手、こちらが聞き手。相手に質問したり、促したりして、相手に色々考えさせます。話させることの効果をベースにMBO(目標管理)面談や、部下育成、チームマネージメントにも活用されます。

Step2のポイントが引き出すことだと理解したら、大切なのは、引き出す内容。「何を聞くか」が重要です。

人の話は散漫で、ほとんどの場合はとりとめもなく、まとまらないのが通常モードです。仲良くなるのが目的なら、盛り上がって終わりでも十分だと思います。ですが、**相手と一緒に未来をつくる協働関係を目指すなら、相手の課題や未来への希望、その両方を引き出して、きちんと整理して共有しましょう。**

「GROWモデル」はそんなとき、便利に使えるフレームワークです(図7)。「Goal(理想の状態)」「Reality(現実)」を明確にし、その間にあるGAPを

図7 GROWモデル

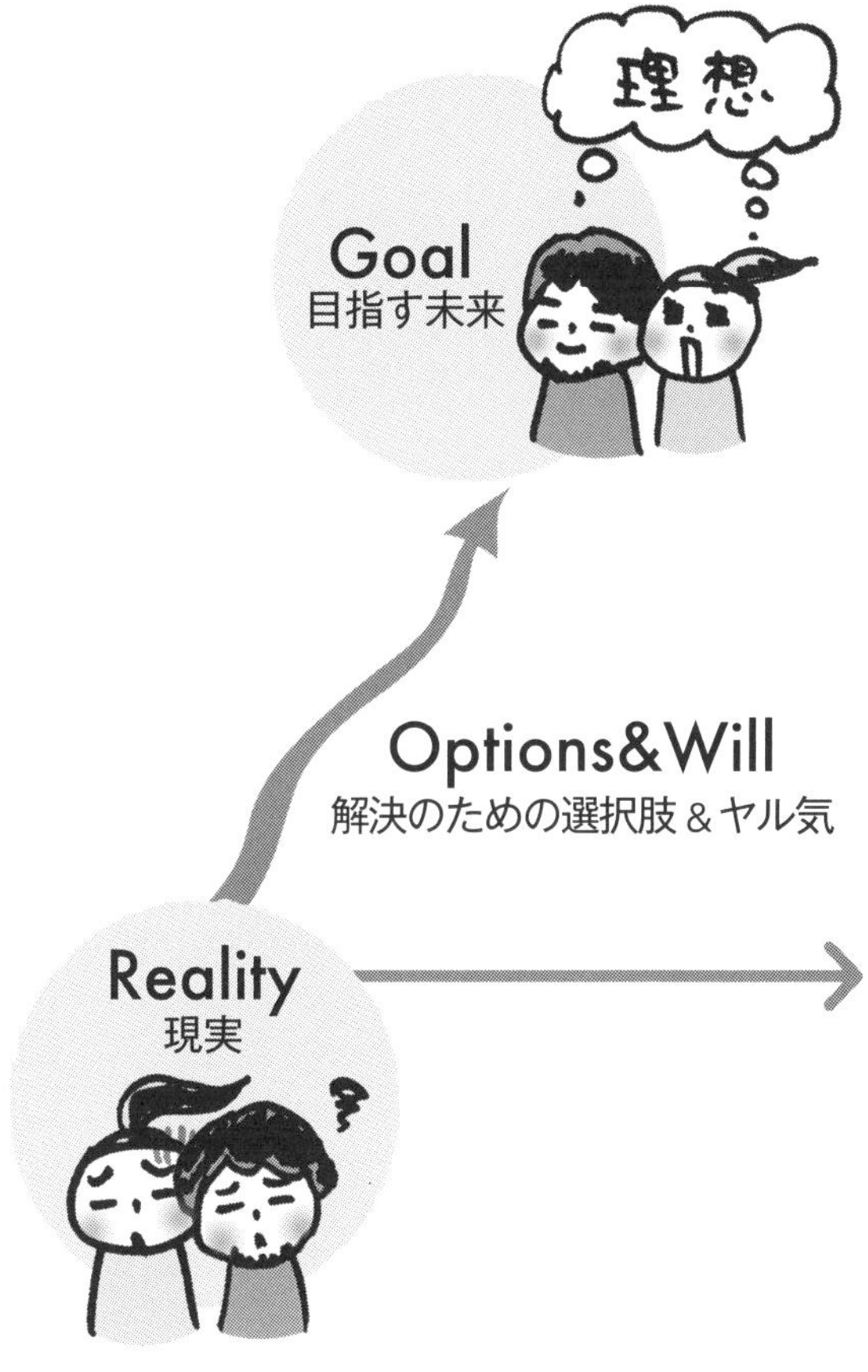
理想
Goal
目指す未来
Options&Will
解決のための選択肢&ヤル気
Reality
現実

分析することで、「Options（解決のための選択肢）」を引き出し、今後に向けて何をしたいか、できそうか、「Will（実行する意志）」を確認していきます。

「何か気がかりなことはある？　あったら教えて」

「どうなればいいいんだろうね……」

「これから何をやればいいかな。一緒に10個リストアップしてみよう！」

こんな質問をはさみながら、今と未来のイメージを、お互いに共有していきます。

そもそもコミュニケーションとは、語源から言えば「共有すること」です。**相手の話をただ聞くのではなく、きちんと聞いて、「それってこういうことだよね」と確認しながら共有します**。

そして共有しようと思うなら、聞きながら書く「相手のためのノート」がオススメです。相手の話が見える化され、自然にまとまっていきます。メモを取っていますから、会話内容を確認したり、まとめるのも簡単ですので、ぜひ取り入れていただきたいスキルです。

「でも、まとめるのは苦手だし、人に見せるなんて恥ずかしい」
「漢字が書けないし、上手にまとめるのが苦手」

そんな声もよく聞きます。

ノートを見たら全てがわかるというレベルまでまとめる必要はありません。見せながら説明できる、見ることで自分や相手が話の中身を思い出せる、そういうツールになればまずはＯＫ。書き方がわからないなら、まずは聞こえるキーワードをランダムにメモするだけでも十分です。

たとえば何かの勉強会や講演会に参加したときこそ、「見せるノート」を作る練習のチャンス。その日の話を自分なりに整理し、ノートにまとめて周りに共有します。場合によっては、講師自身に見せたり、見せながら質問することもできてしまいます。

相手が言いたいことは何か。
相手の意見の背景にある、出来事や根拠は何なのか。
そのときどんな気持ちだったのか。

メモを取ろうと思うと、聞く姿勢も相手の話への集中力も変わります。書き始めれば、徐々にではありますが、必ず上手になっていきます。

そもそもノートを人のために取る「見せるノート」を意識して実践している人は少数派です。「この人は、他の人とはひと味違うぞ」と思わせる効果もついてきます。

せっかくの会話を空中戦で終わらせないためにも、相手の話を「見える化」して、上手に引き出していきましょう。

図8　相手のためのノートを作る

❶ 打合せや講演会のメモ

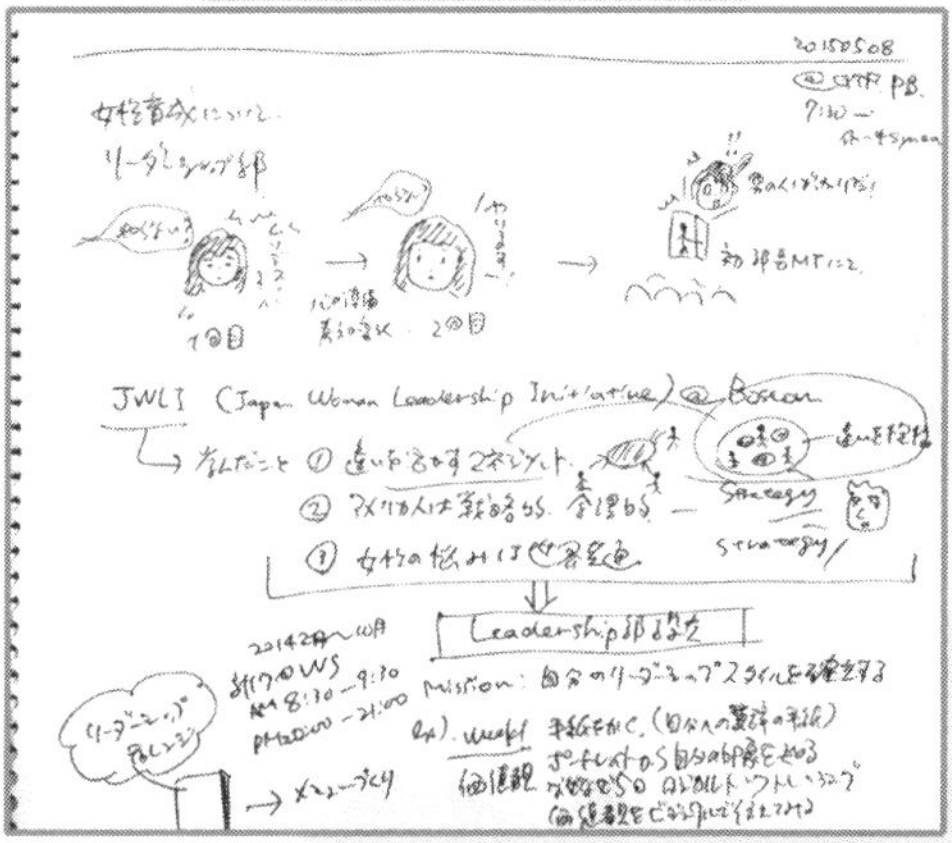

❷ 会議や研修のメモ

エディ先生のワンポイント解説

メモを取る姿勢が与える印象

脳のメモリ機能にはいくつかの種類があり、その中には容量が限られているものがあります。

特に、後ほど143ページでも触れるワーキングメモリは、その容量が限られているという性質がありますが、これは〝おおよそ7項目〟と、わりとはっきりとした限界値が知られています。

誰かと話をするときには、相手が言っていることを聞いて、それを理解し、返答の内容を考えて伝えます。このような**会話のキャッチボールのプロセスでは、ワーキングメモリの機能をスムーズに働かせることが必要**になります。

ところが、会話の内容をよく考えてからきちんと返答しようとすると、相手が少し前に言ったことを忘れてしまうことがあります。

これは「考える」ことにメモリ機能を使ってしまうことが原因なので、このようなときには、メモを取りながら話を聞くのがいいでしょう。

メモを取ると、メモリの一部を解放できるので会話の内容に集中でき、余裕を持ったコミュニケーションを取ることができるようになっていきます。

それだけでなく、「この人は話をするときにメモをとる人だ」と認識されると、相手の自分に対する認知負荷（脳への情報の取りこみやすさの指標）も下がるので、印象がよくなって、円滑なコミュニケーションが取りやすくなることも期待できます。

しかし、メモを取りながら他人の話を聞くのは、慣れていないと難しいと言われています。

それは、相手の話のミソの部分に注目して、話を要約し、それを後から見てわかる形に記述していくというプロセスを、どんどん新しい情報が入ってくる最中に進めないといけないからです。

最初は難しく感じるかもしれませんが、これもいわばトレーニングです。「キーワードだけでも残せれば上々」と考え、まずは始めてみましょう。

「メモが取れない！」そんなときは……

でも、立ち話だしメモが取れない。イキナリ書くのも不自然だしなあ……。という場合は、「**指折り作戦**」がオススメです。

言いたいことが頭にいっぱい浮かび、五月雨式に口にするという人も結構います。結局何が言いたいのか、聞いているこっちも混乱してきた……、そんな風にならないために、相手の話を聞きながら、定期的にまとめましょう。

先日、ビジネスパーソンSさんが、「実際に対話でやってみた！」と、次のようにメールで報告してくださいました。

「指折り作戦」、先日の会議でやってみました！　いつも話が長くなる方がいるんですが、その日もまたもやダラダラ発言して、終わらない感じ。しかも、テンポよく進んでいた緊張感のあった会議がダレそうだったので「こりゃまずい」と、ころあいを見計らって、すかさず口をはさみました。

「なるほどなるほど。◯◯さんの話は、一つ目はコレコレ、二つ目はコレコレなんですね？　あとはあとは？　どんなことがありますか？　教えてくださ い♪」

と、いつの間にか思わず指折りしてました。

そしたら、その後は、コンパクトに2つ意見を出してくれて、スムーズに終わったので、「指折り作戦、すごい！」と、やってみて実感しました。

やり方のコツは、意見の数を数えながら、箇条書き風にまとめることです。

Sさんがされているように「まだありますか？」と、どんどん引き出すのもオススメです。

「そうそう、そうなんです！」

相手からこんな台詞がこぼれ始めたら、内心「よっしゃ」とガッツポーズ。その人の悩みや課題や気持ちを、共有できたと思う瞬間です。

あなたが相手も認める「理解者」になれたなら、ここから先はStep3。次の段階に進んでいきましょう。

Step3 「デキル人」だと思われる：一目置かれる「知恵者」を目指そう

コミュニケーションは双方向から行うもの。しっかり聞いて理解者ポジションにたどり着いたら、今度は相手に、自分のことや知識・情報をわかりやすく伝えましょう。

伝えるフェーズ、Step3で目指したいのは、相手が相談したくなる「知恵者」としてのポジションです。

「へーー！　こんなことやってる人なんだ」

「もっと聞きたい、また会いたいな」


そんな風に相手が思う、相手にとって「価値ある人」を目指します。

「この人は、自分の知らないことを知っている人だ」となれば、一目置かれる存在になります。相手の聞く姿勢が変わるので、話も伝わりやすくなります。


あなたの価値を伝えるわけですから、伝える前には棚卸しが必要です。自分の強みは何なのか、どんな価値を持っているのかを、客観的にきちんと整理しておくのも大切です。


「コーチング専門の人っていっぱいいますけど、谷さんのウリは何ですか？」

起業してから何人もの人に、こんな質問をいただきました。

以前はこの質問が嫌で嫌で、「何でしょうね」とはぐらかしてはよく自己嫌悪に陥っていました。特に30代最初の数年は、まだまだビギナー初心者マーク。講師経験も少ないですし、実績だって数えるほどでした。

そんな状態でしたから、ましてや自分の「価値」なんて、大きな声では語れません。たまたまのご縁でご依頼いただいた仕事をありがたく、何でもかんでもやっているうちに、少しずつ語れる実績が増え、自分の価値もわかってきたように思います。

もしかしたらみなさんの中にも、「自分の価値がわからない」「実績なんて語れない」という方もいらっしゃるのではないでしょうか。

もしそうなら、今日からぜひ日々の実践や小さな成果を書き留めて、語る準備をしておきましょう。

日常の仕事の中に、小さな成功体験や、学びがきっとたくさんあるはずです。**記録さえ残しておけば、自分をデータで語れますし、何より自信につながります。**

語る準備が整っていれば、後はきちんと伝えるコミュニケーションの出番です。二つの伝えるコツを押さえて、相手の心にあなたの価値をしっかり届けていきましょう。

「タイトル＆ナンバリング」でわかりやすく伝えよう

「社内の活性化について思うことを今から三つお話ししますね」

「さっきのお話を聞いていて思い出したんですが、似たような事例を二つ、お話ししてもいいですか？」


相手に何かを話すときは、タイトル＆ナンバリングを行います。

これから何を話すのか、いくつで終わるのか、最初に伝えましょう。

どんな話かを予告されれば、心の準備もできますし、話の終わりが見えていれば、相手も安心して耳を傾けて聞いてくれます。ついつい口を挟みがちなおしゃべり好きな相手への、ちょっとした牽制効果も期待できます。

そして何より、こうすることで、みなさん自身の話す内容が自然とまとまり、わかりやすく話せるようになります。

話の中身を最初に予告しようと思うと、自ずと自分の話の中身を事前に考えることになります。**ナンバーを付けて話そうと思うと、自然と自分の思考を分類、整理するクセが身に付きます。**

会議やミーティング、ふだんの仕事の中ででも、わかりやすさは重要な要素。自分が口にする内容は、果たして報告か相談か。はたまた自分の体験なのか、誰かに聞いた話なのか。発言の度に意識して、毎日トレーニングしておきましょう。

「できる」の証明、実績データ。数字や資料で伝えよう

ベンチャー企業を立ち上げた友人から、資金繰りや人材育成に悩んでいると聞いた夜。話を色々ひとしきり聞いて、サポートしたいと思った私は、「お金はいいから手伝うよ」と心を込めて伝えました。

「ありがとう！　うれしい。だけど谷さんって、何をしてくれる人だっけ？」

こう聞かれて返答に困り、「スタッフ教育のお手伝いとか？　コーチングとかなあ」と、しどろもどろになりました。曖昧にしか返せなかった自分を反省して以来、わかりやすい人になろうと、自分の仕事は実績ベースで語るように努めています。

よく考えてみれば当たり前で、ウェブサイト制作の営業をしていたときも、建材商社のときも、何ができるかを表現するには、まずは「実績」です。過去の制作事例を見せて、「こんなことをやっています」と説明するのが当然でした。

「○○できます」と伝えるよりも、「○○しました」と固有名詞で伝えるほうが、相手もイメージしやすくなります。

「高等裁判所の研修や、建設業界の営業担当向け、女性ばかりの訪問販売員のコミュニケーション研修もやっています」

具体的な固有名詞は、相手の持つ知識や情報の「データベース」を刺激して、具体的なイメージを想像させ、期待させる力を持っています。

自分は何を知っているのか、一体何ができるのか。【KNOW】と【CAN】がハッキリ伝われば、「それならこれを頼みたい」「こういう相談に乗ってほしい」など、相手からのアクションも引き出しやすくなります。

また、できれば口頭説明だけでなく、簡単な資料や見せられるものがあるとベターです。最近はスマートフォンもありますし、写真で見せることも簡単です。

自分の所属するチームの実績や、会社案内も使えます。

誰かに聞いた体験談や読んだ本の内容も、きちんとまとめて伝えられれば貴重な知識・情報になります。

個人の学びやプライベートからの発見を伝えるなら、ブログを書くのもいい手です。いつでもどこでも話せるように、きちんとまとめておきましょう。

以上2つの伝えるコツは、ふだんの対話で、いつでもどこでも練習できます。どんなに素敵な情報でも、どんなに大事な知恵でも、伝わらなければ意味がありません。相手にきちんと届けるために、毎日しっかりトレーニングしていきましょう。

Step4

あなたとだから実現させたい：想いを叶える「協働者」を増やそう

自分のことを理解してくれて、使える知恵を提供してくれる相手は、誰にとっても得難い存在です。周りの人のそんな存在になれたなら、いよいよ次はStep4。目指すポジションは「協働者」です。

「この人と何かできると楽しそう、一緒に何かやれたらいいな」と思われる、仲間になれる関係です。

Step4で大切なのは、あなたが何をやりたいか。つまり、【WANT】を相手と共有することです。大事なことなのでくり返しますが、やるべきことは「共有」です。決してこちらの提案や要望を一方的に伝えたり、依頼したりするのではありません。

そして、相手と共有するタイミングは、まだアイデアがぼんやりとした状態でOKです。実現に向け、様々な角度からディスカッションする期間こそが、協働関係を育みます。

「（地元の）香川で何か講座ができたら、おもしろいと思うんですよね」

たとえば私のふとした思いつきで始まった「人財育成プロフェッショナルズ養成講座」。いつもお世話になっている早稲田大学のS先生とE先生。ファシリテーションの師匠、組織開発コンサルタントのMさんに、早稲田でご縁をいただいた飲料メーカーの社長をゲストに招いて、地元香川で全十回の贅沢講座を開きました。毎月一回丸一日のディスカッション型講座には、総勢23名のヤル気溢れるメンバーが参加してくれました。

思いつきですから、最初の頃は気楽なノリでした。

しかし、「実現したら、講師やります?」と話した方々みんなが「いいね、やりましょう!」とお返事をくださったあたりから、だんだんこちらも真剣になっていきました。

それでも「集客できないかもしれない」と、なかなか日程を決めずにいたある日のこと。友人Wさんから一本の電話がかかってきました。

「以前言っていたあの講座、社内予算取ったんだけど、スケジュールはいつ決まるの?」

「ひえー！」と驚き、後にも引けず、そこから一気にスケジュールを調整。集客や告知も周りの力を借りまくり、蓋を開ければ満員御礼となりました。事務局担当の優秀なメンバーも参加してくれて、10ヶ月という長期講座の主催を、無事にやり遂げることができました。

この講座は、決してひとりの力では実現できませんでした。関わってくれた方々みんなが、協働者。誰かと何かを共にすることの学びの多さとありがたさを振り返って噛み締めています。

相手に好意を持って接し、気持ちや想いを理解する。そして自分の価値を高め、役に立つ人になるべく精進。何か思いついたら、一人で悩まずみんなと共有。簡単にまとめてしまうとたったこれだけ、とてもシンプルな4ステップです。実践するとなると難しいのは、人はみんな違うから。進むステップも行ったり来たりで、短期間で一気に進むこともあれば、じっくり長期戦になることもあります。

相手との関係が、今はどこにあるのかと楽しみながらの関係構築。うまくいってもいかなくても、実践自体が、未来の知恵に変化します。

様々な場所で、色々な相手と4ステップにチャレンジしながら、ぜひたくさんの仲間を増やしていってくださいね。

第１章
まとめ

1 ➡ 相手と自分はどのタイプ？
４つのタイプ分けで知り、戦略を練ろう

2 ➡ ドライビングタイプには「実績」を伝え、
判断は相手にゆだねよう

3 ➡ エクスプレッシブタイプはノリ重視。
その場で予定を入れよう

4 ➡ エミアブルタイプは共感を重視。
「聞き上手」を目指そう

5 ➡ アナリティカルタイプとの関係づくり
は長期戦。こだわり領域を探ろう

6 ➡ はじめて会う人には、「当たり前の
コミュニケーション」で接しよう

7 ➡ 相手との関係性を深めるには、
「４つのステップ」を意識しよう

第2章

必ず知っておきたいコミュニケーションの基本

1

4ステップで、コミュニケーションは上達する！

「知っているつもり」になっていませんか？

相手のタイプと関係づくりのステップを理解したら、ここからは、自分自身のコミュニケーションスキルアップを目指しましょう。ここでお伝えする「Four stages of competense（スキル取得の四段階）」は、１９７０年代にコミュニケーションや人間関係について研究していたGTI（Gordon Training International）メンバーによって提唱されました。自分に必要なスキルに気づけていないStage1から、自然にできるようになるStage4まで、それぞれのステップで気をつけること、やるべきことを教えてくれます。

図９　スキル取得の四段階

Stage1 ➡ 無意識的無能
Stage2 ➡ 意識的無能
Stage3 ➡ 意識的有能
Stage4 ➡ 無意識的有能

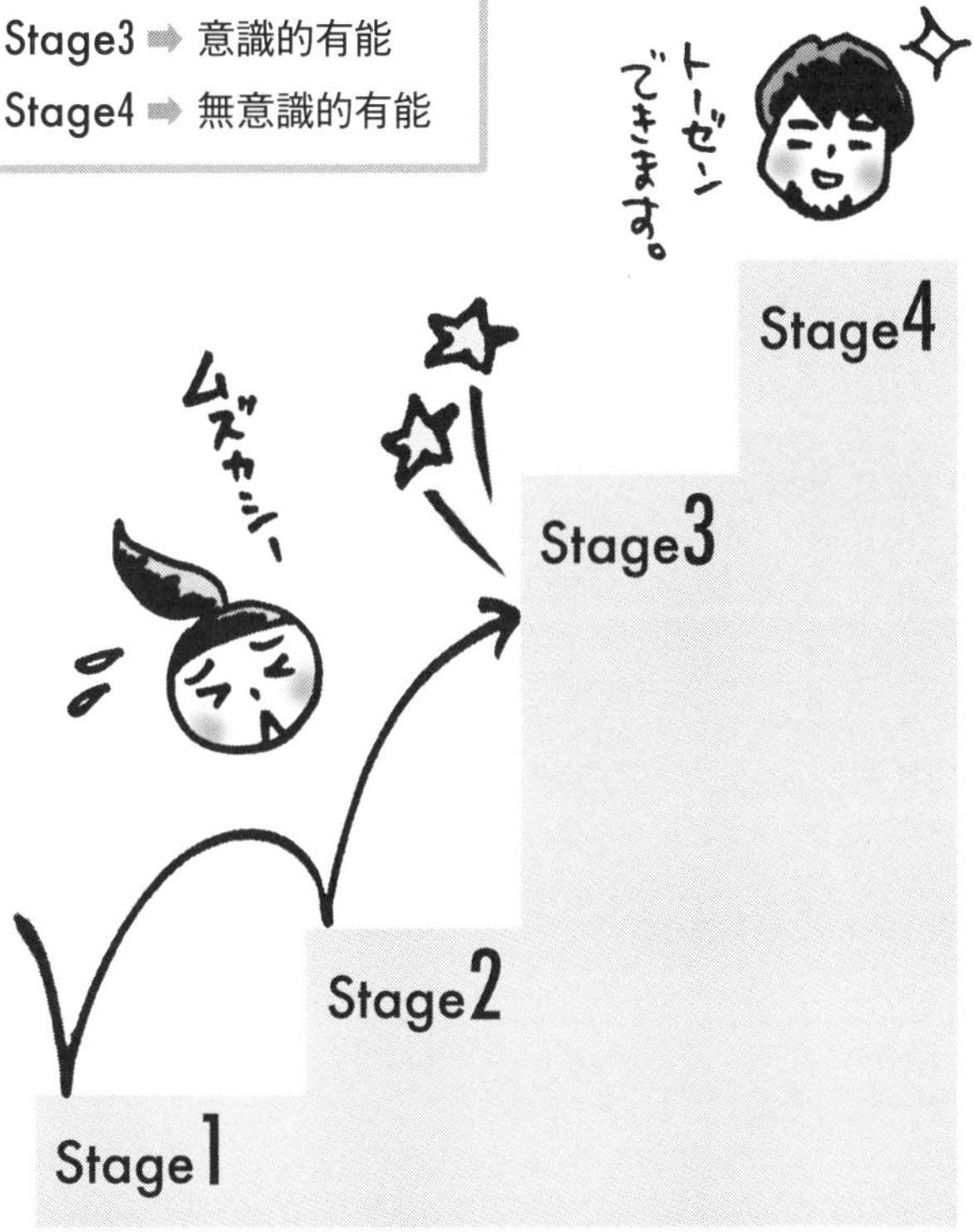

Stage1

Unconsciously unskilled.（無意識的無能：知らないしできない）「コミュニケーション？ そんなの普通にできてるよ」

Stage1は、**本人はできているつもりでも、周りはそうは思っていない**状態のことです。

「なるほど、確かにこのステージの方、結構いるなあ」と思うのは、コミュニケーション研修を実施して、受講生からこういうコメントをいただいたときです。


「コミュニケーション？　ウチのチームは取れていますよ」

「上司とはいつもきちんと話せています」

「毎日顔を合わせていますし、今さらコミュニケーションって言われてもねえ」

「そうなんですね」とうなずきつつ、周りの人に聞くと……

「ウチの職場、風通しが悪くって……」
「あの人、聞く耳持ってくれないんです」

なんていうお困りコメントを耳にします。

「スキル取得の四段階」に当てはめて言えば、これは「Stage1」。
無意識的無能状態で、要は「自分はできている」と思い込んでいる状態です。
これではたとえ何時間研修を受けたとしても、決してスキルは上がりません。

「あー、そんな人、確かにいる、いる！」

もしかしたら、みなさんの周りにも思い当たる人がいるかもしれません。
しかしここで考えてほしいのは、私たち自身もそんな風に「できている」と思い込みがちだということです。

「あの人、ほんと、理解力がないんだよね」

「言う通りにやったのに、どうして上司はあんなに怒るんだ?」

日々そんな風に思うことがあるとしたら、それは相手ができていないのではなく、こちらの「聞き方」「伝え方」に原因があるかもしれません。

「……ということは、自分の聞き方や伝え方を変えれば、色々解決するのでは?」


そうなんです。

「気づくことができた私はスバラシイ!」と、まずは自分を褒めてあげてください。

コミュニケーションの問題は、自分の工夫で何とかできると気づけた時点でほぼ解決します。**今までの技が通じない相手との出会いこそ、新たな技を身につける大きなチャンス**。レベルアップは確実です。

それでは、意気揚々と、次のStage2に進んでいきましょう。

Stage2

Consciously unskilled.（意識的無能：知っているけどできない）
「コミュニケーション、意識してるけど、なんだかうまくいかないんだよね」

Stage2は、いわば試練のステージです。

「やるべきことはわかっているのに、どうしてうまくできないんだ……」

Stage2のこの状態は、できない自分を自覚して、なかなかツラく苦しい時期です。スポーツや楽器演奏、ダンスなどで考えてみると想像しやすくなると思います。

簡単そうに見えるステップも、やってみたら意外とうまくできない。

頭ではわかっているはずなのに、どうしても体がうまく動かない。

多くの人はここであきらめ、練習自体をやめてしまいます。

できない自分を認められず、「向いていないし」とやめてしまう。

コミュニケーションで言うなら、

「私、人見知りなんです」

「コミュニケーション、苦手なんです」

と、宣言してしまう感じでしょうか。

人見知りでも苦手でも、まったく問題ありません。

問題なのは、「だから無理」とあきらめてしまう、その気持ちです。

褒める大切さを学んだから、試しに褒めたら「気持ち悪い」と言われてしまった。

「挨拶が大事」というからやってみたのに、職場の誰も返してくれない。

今までやらなかったことを試みると、往々にしてこんな反応が返ってきます。

人は変化を嫌うもの。いつもと違う態度を取ると、「どうしたの?!」と不安になり、反応をあえて返さないこともよくあります。

しかし、「やっぱりうまくいかないや」とやめてしまってはもったいない。

たとえうまくいかなかったとしても、あなたのせいではありません。

それは単に、**やり方がまだしっくり身についていないだけ**。

周りの人が、変化に慣れていないだけなのです。

今までやっていなかったことを、最初から失敗せずにできてしまうほうがむしろ珍しいもの。

新しいことをすることは、大変かもしれません。しかし、**あきらめずに続けた先に、コミュニケーションが楽しくなるきっかけが眠っています。**

Stage3

Consciously skilled.（意識的有能：意識するとできる）
「意識していたらできるんだけど、ついつい忘れちゃうんだよね」

「忘却は、人間の救ひである」

こう書いたのは太宰治。忘れることで救われることも、確かにあります。

残念なのは、やろうと思っていたことや覚えておきたいことまでも、ついつい忘れてしまうこと。意識していればできるというStage3で大切なのは、**「やるべきこと」を思い出す自分なりの仕組みを持つこと**です。

挨拶するときは、笑顔もセットで。

毎日必ず一回は、「ありがとう」を伝えよう。

こんな風に決めて一度できるようになったことでも、忘れてしまっては意味がありません。せっかく苦労してできるようになったのなら、どんどん使って定着させましょう。

携帯の待ち受けにしておくもよし、付箋に書いて貼っておくもよし。

周りに宣言して、後に引けない状態を作り出すのも有効です。

「ありがとうを伝えることにしたよ」

「人の噂や悪口は、言わないことにしているんだ」

「嘘はつかないことにしているから」

こんな風に周りに伝え続けていると、それがだんだん本当になってくるから不思議です。

まさに「嘘から出た実《まこと》」。

やろうと思ったときは、同時に、忘れない仕組みもちゃんと整えておきましょう。

Stage4

Unconsciously skilled.（無意識的有能：意識しなくてもできる）
「人間関係ストレス激減！　最近何だかいい感じ。」

Stage3で「やるべきこと」を意識して、きちんと毎日続けたら、いよいよStage4に到達します。これは、意識しなくても自然にできる状態です。身につけたかったスキルやノウハウが「自分のもの」になった状態とも言えます。

仕事もうまくいっているし、人付き合いも順風満帆、なんだか最近いい感じ。そんな風に思えていたら最高ですが、もしうまくいかない相手やシーンに出会ったら、もう一度、Stage1を思い出してみてください。

「自分が変われば相手が変わる」

こう思えるなら、解決はもう目の前です。

「やろう」という気持ちと、何をすべきかの知識さえあれば、コミュニケーションスキルは、いつでもどこでもステップアップ可能です。

「うまくいかない」と思ったときこそ、トレーニングのチャンス。レベルアップの階段を、どんどん登っていきましょう。

エディ先生のワンポイント解説

「思い込み」でもうまくいく

「オレはできる」と思って行動すると、少々難しい案件でもうまくいくことが多いものです。同じ行動であれば、「できない」と思うよりは「できる」と思ってしたほうがいいことは想像に易いでしょう。

「できる」と思えるのは、「目の前のハードルを越えられる」と信じる心理的な状態ができているからこそ。その指標は「セルフ・エフィカシー（自己効力感）」と呼ばれています。**「オマエには無理だ」と言われようとも、「オレならできる」と心底思うことができれば、セルフ・エフィカシーが高い状態と言えます。**

このような状態は、コミュニケーションの場面でも大きな影響を及ぼします。つまり、**セルフ・エフィカシーが高い人は、コミュニケーションもうまくいくことが多い**のです。

まず、「自分はうまくコミュニケーションができる」と思っているので、周囲の人と話すきっかけを見つけようとしたり、会話中も身振り手振りを交えながら、効果的に情報を伝えようとする傾向にあります。

このことで、相手もコミュニケーションの場に引きこまれやすくなり、確信に満ちた所作や発言に、周囲の納得感も増していくからです。

このようなセルフ・エフィカシーを高めるために最も効果的なのは、**成功体験を持つこと**です。最初は低いハードルでもいいので、まずはそれを「越えた」という感覚を持てるとよいでしょう。このとき、脳でもドーパミンが増えていてモチベーションも高まることから、その勢いでもっと高いハードルに挑戦していけば、効果も目に見えて現われてきます。

もうひとつ、セルフ・エフィカシーを高めるためには、**目標とするロールモデルをイメージするのがよい**とされています。

「できて当たり前」だと思って自然体で進めている人と一緒にいると、自分も当たり前のようにできるようになった、という経験がある人もいるでしょう。その人は、いわば「無意識的有能」の状態にあるということです。

現状がどの段階であったとしても、自分にとっての最適なロールモデルをイメージすることで、効果的にステップアップしていくことができるでしょう。

2 どうしても無理な相手と出会ったら？

「時間」と「周りの人たち」に助けを求めよう

「自分が変われば相手が変わる」

そんな風に考えることがスキルアップの第一歩だと、先ほどお伝えしました。

しかしながら現実には、どうしてもうまくいかない、一緒にいるとつらくなる相手も確かにいます。

そういう場面にもし出会ってしまったら、まずは自分の気持ちのケアです。

「時間」と「周りの人たち」に上手に助けを求めましょう。

「女とは仕事をしない」と言われて……

建材商社の営業担当だった頃、たくさんのありがたいご縁の中に一度だけ、どうにもできなかった経験があります。

忙しくて現場に行けない先輩から、「谷くん、あの現場、代わりに担当してくれる?」と頼まれたのは25歳の頃。その先輩にはいつもお世話になっているし、「もちろんです!」と引き受けました。

はじめて会う現場監督Aさんに、「今回は私が代わりに担当させていただきます」と、まずは電話でご連絡。

「女の子の担当って、緊張するし困るなあ(笑)」

Aさんとの最初の電話は笑いながらの冗談混じり。軽い口調に安堵して、「よろしくお願いします」とご挨拶しました。しかし、連絡を重ねるたびにだんだん相手の笑いが消え、口調がキツくなっていきました。

「本当にアンタが担当するの？」

「次も来るなら仕事は出さない」

もしかして私の態度が悪いのかと悩み、直接お会いしようと試みたりもしましたが、「来なくていい」と断られ、結局作業日前日まで会えずじまい。うまく対話ができないまま、いよいよ現場での最終打ち合わせを迎えました。私が出した名刺を一瞥し、

「もう会わないんだから必要ない。俺は女とは仕事しないことにしてるんだ」

と受け取ってはくださらなかったAさんは、当時の私にとって、どう対応したらいいかわからない、できれば二度と会いたくないお相手でした。

時間が解決してくれる問題もある

ではこの場合、どうすれば良好な関係が築けたのでしょうか。

もし距離を置ける相手なら、意識して冷却期間を取ることもひとつの選択です。時間は時に優しくて、辛く苦しい感情をさらりと洗い流してくれます。たとえ短い時間であったとしても、冷静さを取り戻す助けにもなってくれます。

人と人との関係は、決して今この瞬間だけで作られるわけではありません。その瞬間はうまくいかなかったとしても、時間が経ち、双方が変化することで、うまくいくこともたくさんあります。

冷却期間を置く間もなく、どうしても会わなければならない相手なら、まずは**乱れた気持ちを落ち着かせる時間を少しでも取りましょう**。私自身もこのとき、会社の仲間が愚痴を聞いてくれ、気持ちを吐き出させてくれました。

落ち着いたら、相手の情報収集と、自分が得たいゴール設定、そして今後のアプローチをいくつか考えて用意しておきます。

Aさんのケースで失敗したのは、女性と仕事をしたくないという相手のこだわりを事前に把握できていなかったからです。

最初の電話で女性担当が苦手と察していれば、「すみません、今回だけお付き合いください」と回数を区切って相手に理解を求めることもできただろうと思います。あくまで仕事を進めることだけに注力して、できるだけ連絡を少なくするという作戦も取れたかもしれません。

作戦立案も心の準備も、きちんと相手のことがわかっているからこそできるものです。それ以来、「相手の主張の正しさは置いておき、まずはしっかり情報収集する」と考えるようになってから、ある意味ゲームを攻略するように、色々な方とのコミュニケーションを楽しめるようになりました。

周りの人たちを上手に味方につける方法

また、相手について冷静に対処し、効果的な対策を取ろうと思うなら、「周りの人たち」を上手に巻き込むことも大切です。すべて自分だけで何とかしようとする必要はありません。

あるとき、私の友人同士が、二人で新しいプロジェクトを始めるべく、東奔西走していました。ところが、最初はうまくいっていたものの、だんだん雲行きが怪しくなって揉め始め、それ以上前には進めないという事態に陥りました。

相談を受け、両者の言い分をそれぞれ聞いてみると、ボタンの大きな掛け違いが発覚。双方の意見が、正反対と言っていいほど食い違っていたのです。

お互いの言葉が伝わり合っていない状態でいくら話し合っても、お互いの溝が深まるばかりです。そこで共通の友人でもある私が間に入り、後日三人で話し合う時間をセッティングしました。

そして、「今のはこういう意味だよね？」「もしかして、こんな風に受け取ってない？」と確認しながら対話をサポートしたところ、二時間後、ボタンの掛け違いは無事解消しました。完全霧消とまではいきませんが、

「これからまた、改めて一緒にやっていきましょう」

という言葉を交わし合い、今後の約束を取り付ける状態に進めました。

後日、双方からもらったメールにあったのは、未来につながるうれしい言葉。

「つなぎ直せたご縁、大切にしたいと思ってます」

「改めて、色々反省。反省しつつも前を向いて行きます！」

「ふたりきりで話していたら、絶対こうはならなかった」。

これらの言葉を聞いて思うのは、第三者を上手に巻き込む大切さです。

今回はたまたま私が第三者の立場にいたため、二人のボタンの掛け違いが明

確に見えました。そして、どんな風に対話したらいいのか、サポートすることもできました。

私たちは、ひとりきりだとどうしても、自分の考えや価値観に捉われがちです。だからこそ、自分とは違う意見を聞く、解決のためのアドバイスをもらう、感情を落ち着かせるために話を聞いてもらうなど、周りの人にお願いできることがきっとたくさんあります。場合によっては、友人たちのケースのように、仲裁や相手への対応をお願いする、そんなことも十分「あり」だと思うのです。

周りの人の力を上手に借りるための「相談力」は、大事なコミュニケーションスキルのひとつです。**「困っていること」「目指す状態」「期待するサポート」の3点を整理して伝え、相手の意見にもしっかり耳を傾けます。**

自分ひとりで何とかできると思うのは、ある意味「思い上がり」かもしれません。周りの人を味方にする「相談力」を身に付けて、自分自身の対応力をレベルアップしていきましょう。

エディ先生のワンポイント解説

愚痴を超えたコミュニケーションの大切さ

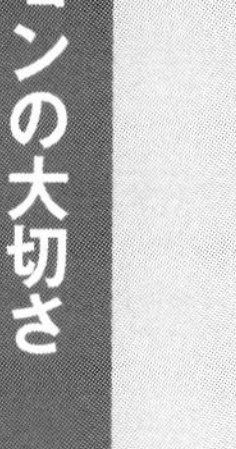

仕事で上手くいかなかったときなど、仲間に愚痴を聞いてもらうと気分がスッキリすることがあります。

「愚痴を吐く」ということは、何か思い通りに進まなかったことを思い出して、それを誰かに伝える行動です。その多くは、相手を否定的に捉えることで自分を肯定するために行うことでしょう。

愚痴を言ってそれを聞いてもらえると、「自分の言葉が通じるコミュニティにいる」という所属欲求や、「自分の主張を受け入れてもらえた」という承認欲求が満たされます。愚痴の対象となる相手を貶《おとし》めると、自分のポジションが相対的に上がるので、気分的にも納得感が増していくものです。

愚痴を吐いてそれを受け入れてもらえると、その場にいる人たちは、仮想的に「仕返し（＝復讐）」をしていることにもなります。仕返しすると、モヤモヤした気分も吹き飛んでスッキリしたりするものです。これは「復讐は蜜の味」という怖いフレーズもあるくらい、古来、私たちに広く共有されてきた感覚だとされています。

実際、復讐をした人の脳の活動を調べたところ、何かを得るときに活動する「報酬系」の神経ネットワークが盛んに働いていたという研究結果も出ています。実は、復讐することは「報酬」になるのです。

仕事でイヤなことがあった場合、カラオケでマイクに向かって熱唱したりスポーツで汗を流したりすることもあります。これで、溜まったエネルギーを発散できるので、イヤな気分も身体から出ていくように感じます。

しかし、何か問題が生じているときは、それに対する解決策を思いつくまで引き続き問題が残っていたり、また同じことがくり返されたりするので、本当の意味でストレスが解消されたとは言えません。

それよりも、自分の周囲には、理由を問わずいつでも支えてくれる人がいる、良質な関係が築けている、と自覚することのほうが有効です。そして生じた問題への対策を練ることで、愚痴を言わなくても、ストレスを大きくせずに済むようになるものです。その人たちと一緒に「次の手」を考えていく過程で、気持ちも晴れやかになっていくでしょう。

もちろん、周囲を巻き込むためにわざと愚痴を言って、それを聞き入れてもらうという方法もあるかもしれません。相手が「愚痴を聞いた」というコミットメントを持つことで、「巻き込まれて」一緒に考えて行動してくれるようになることが期待できます。しかしその場合も、「愚痴を聞いてあげよう」という気持ちが先にあるものです。そのような関係があることは、心の橋渡しが上手くいっている証拠です。

良質な関係は、やはり質の高いコミュニケーションに根ざしています。有事に大きなダメージを受けずに上手く対処するために、言葉を超えたコミュニケーションが大切なのです。

3 コミュニケーション戦略構築の4ステップ

コミュニケーションはおもしろい！　そう思える人になるために

私たちは一生を通じて、たくさんの人と出会います。
自分で選べる関係もあれば、否応なしに関わらざるを得ない関係も、もちろんあります。

どうもいい関係につながらない、対話がうまく噛み合わない……。
そんなときこそコミュニケーション戦略を立てましょう。

これからお伝えする4つのステップで、相手とどう対話するべきかを考えていきましょう。

Step1

前提確認：この人と関わる必要性はあるか？

ここでNOならば、距離を置くのもひとつの策です。

その場合の注意事項は、周りに相手の悪口を言わないこと。

「悪口じゃなく、事実だから」と、イヤな思いを周囲に語る方をよく見かけますが、壁に耳あり障子に目あり。知らぬ間に、なぜか本人に伝わるものです。

路上で、お店で、どこかの会や集まりで、今後その人とどこで出会い、いつ関わりを持つことになるかわかりません。

距離を置くと決めたなら、相手にとって不利益な情報は決して口にはしないこと。どうしても言わずにいられない気分になったときは、日記や紙に書いて吐き出すか、守秘義務を守ってくれる相手にだけ、こっそり話して消化しましょう。

「アイツがどんなにヒドいヤツか、周りにもっと知らしめたい」と思って誰かのことを話すのは、天に唾するようなもの。必ず自分に返ってきます。

イヤな相手に出会ったせいで、自分自身のレベルまで下げてしまうのはもったいない。ここはカッコイイ大人になると決めて対応しましょう。

Step2

ゴール設定：どんな成果を生み出したいか？

Step1でYESと答えざるを得ない場合もあります。たとえば上司や会社関係、家族や趣味で知り合った人たちなど、どうしても関係が続く相手も多いと思います。距離は置けない関係なら、まずはゴール設定から始めてみましょう。

ポイントは、「相手にどうなってほしいか」ではなく、「**相手も関わるこのチーム、プロジェクトで生み出したい成果は何か**」を考えることです。

対立する相手とは、「ゴール設定」から考える

私が代表を務める某団体でのお話です。あるとき、会員のお一人であるAさんから、事務局の女性宛に辛辣《しんらつ》なメールが届きました。曰く、（団体の）対応が悪い、運営体制がおかしい、人に教える仕事をやっているくせにこんな程度で笑わせる、というものでした。

事務局からは、「どうしよう」というご相談。不肖代表であるワタクシから「対応するね」と連絡し、Aさんにコンタクトをとりました。すると、内容至極ごもっともな、お叱りの言葉をたくさんたくさんいただきました。

自分の至らなさに大分凹みましたが、ご指摘内容はごもっともでした。しかし正直、全てに対応するには無理があります。そこで、まずは目指すべきゴールを考えました。

団体を運営しているメンバーは、全員Aさんと同じ一会員です。しかも、みんなボランティアで、一銭も報酬をもらっていません。それは代表の私も同じですし、事務局の女性も同じです。

ゴールは、「Aさんや運営メンバーも含む全員が、納得できる団体運営を進めること」に設定しました。そう考えて思いついたのは、まずは運営のルールを決めること。「それぞれができることをできる範囲で楽しみながら、相互の良心に基づき貢献する」と決めたことで、Aさんを含む団体メンバーにきちんと説明できるようになりました。結果、Aさんにも無事、ご納得いただけました。

ゴールがきちんと決まっていれば、あとはそこをどう目指すかだけです。

不満をぶつけてくる相手、対立意見を言う相手を「敵」だと思っていては、共通のゴール設定はできません。相手も含めて「関係者」だと考えて、みんなが納得できるゴールを考えましょう。

それは決して、相手の言いなりになることとは違います。

誰かからの不満や意見は、未来をよくするための「改善提案」。相手を「提案者」と考えれば、当事者として巻き込んでいくことも可能です。目指す方向が明確になれば、何をすべきかも、自ずと明確になってきます。

次はいよいよ作戦立案です。何をすべきかを考えましょう。

エディ先生のワンポイント解説

怒っている人とのコミュニケーション

仕事でも日常でも、何かのきっかけで手厳しい指摘を受けることがあります。ときには、激しく感情をぶつけてくる人の対応を迫られることもあるでしょう。

怒っている人とのコミュニケーションは、一筋縄ではいきません。なぜなら、怒りは激しい感情であって、しかも原因が様々なことから、その原因がわからない限りは、心底納得してもらうことが難しいからです。

谷さんの挙げたケースでは、届いたメールの文面に怒りの感情が見て取れたようです。ただ、文面の字面に現れている表現から、行間を読んでその人の本当のニーズにたどり着くことは、なかなか難しいことでもあります。何か代替案を挙げることでひとまず納得してもらえることはあっても、ずばりストライクを投げることは難易度が高い対応と言えるでしょう。

特に、メールや電話で受けた指摘に対し、同じようにメールや電話で返さないといけない場合、非常に気を遣いながら進める必要があります。人間が相手から情報を得るときには、目で見た情報（＝視覚情報）を大部分のソースとするからです。

これは、２５４ページに後述するように、「メラビアンの法則」としてまとめられているものです。特に、怒っている人の表現のように、激しいながらも、もしかしたら表に現われているのはごく一部で、本当のニーズは別のところにあるかもしれないような対象の場合は、その人の表現をそのまま受け取らずに、その奥にある本質を射貫かなければなりません。そのため、怒っている人と円滑なコミュニケーションを築くことはなかなか難しいことだと言えます。

このようなときには、**直接、その相手に会いに行くのがよい手**です。話しているときの表情や素振り、声のトーンなどには、実際に伝えたいメッセージが込められているもの。それをうまくキャッチすることで、その相手が本当に伝えたいニーズを汲み取りやすくなるからです。そして、怒って指摘した相手も、対応する人がわざわざ会いに来たとなると、それを理由に留飲を下げやすくなるものです。振り上げた拳をすっと下げてもらうような環境づくりも、コミュニケーションの妙と言えるでしょう。

ところで、怒っているときの脳ではどのようなことが起きているのでしょうか。**怒っているときには、理性的な判断がしづらくなっています**。これは、前頭前野と呼ばれる、「理性」を司る場所の活動と、扁桃体《へんとうたい》と呼ばれる「感情」を司る場所の活動のバランスが崩れ、感情の脳が暴走しているからです。

通常は理性のブレーキが感情の暴走を防いでいますが、感情が爆発するような場面では、このブレーキが利かなくなって、感情を司る脳の活動が止められなくなっているのです。

このような相手に、いきなり論理的な説明をするのは避けたいところです。コミュニケーションがうまく成立した状態には「説得」と「納得」を伴いますが、「説得」が成り立つのは、理性的な対応が可能な場合に限られるからです。

感情が爆発しているような相手には、まずは「納得」してもらうことを優先しましょう。その後に「説得」すればいいのです。

Step3

作戦立案：ゴールに向けて何をすべきか？

「期待していた成果が出ない」「思い通りに動いてくれない」

そんなとき、必要なのは「ひとり作戦会議」です。相手に思いをぶつける前に、まずは作戦を考えましょう。

私がリーダーを務める企画運営チームでの話です。あるとき情報提供を目的に、ウェブサイトを新しく作成することになりました。制作と運用担当は、チームメンバーのBさん。素人ながらも勉強し、担当してくれることになりました。少額ではあるものの、予算もつけて、打合せを実施。いざ制作開始です。

待つこと数週間。

Bさんから「ここまでできたよ」との連絡を受け、メールをウキウキ開いた瞬間……予想を裏切るビミョーな完成度に、パソコン前で思考停止してしまいました。

「打合せしたときのデザインと全然違うじゃん!!」と発作的にメールしそうになる手を止めて、「こんなときこそ深呼吸」と思い、まずはひとり作戦会議に突入しました。

相手を思い通りに動かしたいときほど作戦を立てよう

そもそも想定していたサイトの仕上がりは、必要情報が掲載された、シンプルかつセンスのいいもののはずでした。

しかし、目の前にあるサイトは、残念ながらビミョーな仕上がり。正直言ってイマイチです。できればぜひやり直してほしい……。


「きちんと最初の打合せ通りにやってくれなきゃ困るよ」

「予算つけてるんだしさあ」

「で、いつまでに修正できるの?」


こんな風に相手の非を責め、反省させたい。

こちらの思い通りに動かしたい。

最初に頭に浮かんだのは、そんな気持ちと相手への言葉でした。ある意味正論ではありますが、こんな風に言ったからといってBさんが納得し、いいものが完成するとも思えません。

「どうどうどう」と自分の気持ちを落ち着けて、まずはゴールの再確認です。サイト制作の目的を改めて考えてみると、優先すべきは「情報提供」です。また、目指したいのは、情報が必要な人にきちんと伝わるツールの完成です。できれば関わるメンバー全員が気持ちよく、質の高いものを目指したい。

そんな気持ちで再チェックしたところ、掲載されている内容はほぼ問題ありません。気になるのは、デザインや色遣いなどの〝見せ方〟です。気持ちも課題も整理できたので、ここでようやくコミュニケーション開始です。

そして対話の現場では、以下の内容をこの順番で進めるのが原則です。

❶ 相手への感謝
❷ 相手がどう思っているか「課題意識」のヒアリング
❸ こちらからの提案や意見
❹ 今後の進め方

ここまでの作業に対する労いや感謝、次に相手からのヒアリング、このステップを飛ばしては、良好な対話は望めません。自分の意見や提案を伝えるのは、きちんと相手の意見を聞き出した後にするよう心得ましょう。

Bさんとのケースでは、

「ここまでの作業ありがとう」
「この後どう進めるか相談したいから打合せしよう」

そうメールで連絡してBさんと打合せを始めました。

「Bさんが気になっていることは?」
「なるほどね。それに加えて私が気になっているのは、ここだなあ」
「これからどうやって進めていこうか」

そんな風に話し合い、修正箇所を共有した後、作業を再開しました。その後も時々打合せを重ね、少しずついい方向に進んでいきました。

「うまくいかない」「期待通りに進まない」

そんなときに浮かぶのは、得てして相手への不満や失望です。もしかしたら「任せた自分がバカだった……」といった後悔もあるかもしれません。ですが、その状態で対話したところで、出てくるのは文句や批判、お説教です。その瞬間はスッキリするかもしれませんが、改善されなければ意味がありません。

相手からどう引き出してどう伝えるか、どんな風にわかってもらうのか。一人作戦会議の時間を事前に取り、きちんと考えたうえで、対話の現場に臨みましょう。

Step4

振り返り：今後に向けての学びは何か？

しかしながら、たとえ作戦を立てて臨んでも、**たいていの場合、相手はこちらの思い通りに動いてくれません**。

「じゃあ、色々考えたってムダなのでは？」

と思う方もいるかもしれませんが、そうではありません。

事前に考えておくからこそ、理想と現実のズレが何かを分析できます。うまくいったこと、いかなかったことを整理して考えることもできるのです。

ほとんどの場合、相手との関係はその場で終わりではありません。もし一回キリだとしても、今日の学びは自分自身の体験となって、次の機会に活かされます。そのためにも、対話の後には「**振り返り**」が必要です。

「あの一言はマズかったなあ」

「相手の言い分を聞くつもりだったのに、途中から自分ばかり話してしまった」

もしそう思うなら、次につながるアイデアまで考えておきましょう。

「もう一度機会をもらえるなら、今度はどんな風にする？」

自分にこう問いかけて、心の中で再チャレンジしてみてください。

「あの一言はこう言い換えよう」

「相手の言い分、次はメモを取りながら聞いてみよう」

など、**誰かと対話した後は、振り返って改善会議をしてみましょう。会議を重ねることで、必ずコミュニケーションはレベルアップします。**毎日少しずつ前進し、対応の幅を広げていきましょう。

第２章
まとめ

1 ➡ 思い込みは危険。
「スキル取得の四段階」を意識しよう

2 ➡ 無理な相手と出会ったら、
時間と周りの人に助けを求めよう

3 ➡ コミュニケーション戦略構築の
４ステップで、対応できる幅を広げよう

第3章

相手と良好な関係を築くための心構え

1

「正しさは人それぞれ」と認識しよう

同じものを見ていても、見えている世界は十人十色

相手と良好な関係性を作りたいと思うなら、まずは自分の「思い込みメガネ」の存在に気づくことからスタートです。

「思い込みメガネ」とは、誰でも持っている自分なりの世界の見方。「〇〇すべき」「これが常識」と思う自分なりの正しさです。**同じことを体験しても、感じることは人それぞれ違います**。自分が思い込みメガネをかけていることに気づくことさえできれば、意見が違う相手とのやり取りもグンと楽になります。

相手の立場を想像して歩み寄ろう

「営業報告をメールでするなんて、そんなのおかしいと思いませんか？」某企業で働く50代の管理職Eさんは、そんな風に嘆きます。一方で、「メールで済むことをいちいち電話で報告なんて、時間のムダだと思います」と、同じ企業で働く20代営業担当Fさんは、Eさんのやり方を時代遅れだと反論します。

EさんFさん、それぞれが自分の正しさを主張して、相手がおかしいと指摘する。これではいつまで経っても平行線です。**お互いの「正しさ」をぶつけ合うばかりでは、いい関係性はつくれません。**

たとえ同じものを見ていても、同じ相手と対峙していても、感じる想いは人それぞれ。見えている「世界」が違うとも言えます。

世界の見え方「世界観」は、置かれた立場や考え方、それまでの経験や学習など、様々な要素が重なり合って形成されます。そのため、みんなそれぞれ違って当然です。千人いれば千通り、同じ人でもそのときの立場や状況次第で、見える世界が変化します。みなさん自身も、もしかしたら病気や挫折、失恋などで、世界観がガラリと変わった体験をしたことがあるのではないでしょうか。

見ている世界が違うなら、意見や主張も、もちろん違って当たり前。にもかかわらず、私たちは、ついついなぜか「常識で考えると当然でしょう?」「普通はこうするべきなのに」と、自分自身の世界観で物事の良し悪しを測りがちです。

コミュニケーション上手になって多様な人とチームになりたいなら、まずは**相手の世界観を想像し、理解しようと歩み寄るところからはじめましょう**。主張の違いや理解できない行動も、「相手が見ている世界を見る＝相手の立場に立つ」ことで、対話の糸口が見えてきます。

この人が考える正しさはなんだろう。
どんな風に世界を眺めているんだろう。

主張が違う相手と出会えたら、そんな風に色々想像してみてください。
それはきっと、自分の思い込みに気付き、想像力を鍛え、みなさん自身の世界を広げる貴重なきっかけになるはずです。

世界の見え方は一つじゃない。
そのことを大前提に、多様な出会いを楽しんでいきましょう。

2

〝違い〟と〝間違い〟には大きな違いがある

人との〝違い〟を〝間違い〟だと決めつけない

同じ仕事をしていても、同じ会社で働いていても、仕事のやり方や進め方、優先順位が全く違うことがよくあります。

人はみんな違いますから、意見や行動、やり方が違って当たり前です。しかし、ときおり私たちは、〝違い〟を〝間違い〟と決めつけて、相手と対立することもあります。

私が26歳のとき、ワーキングホリデーでオーストラリアに滞在中、二ヶ月くらいヤギのチーズをつくる農場に住み込みをしたことがあります。

パースから車で約二時間の場所にあるその農場の周りには、山と池と空しかなく、民家もお店も近くにありません。とてつもなく広い農場の中にある一軒家に、数人のオーストラリア人、オーナーのフランス人との同居生活でした。

季節は夏。雨もほとんど降らず、暑く、とても乾いた時期だったことを覚えています。


水が豊富な日本と違って、ここでは、何はともあれ節水第一。とはいえ毎日暑いですし、現場では肉体労働を行うため、シャワーを浴びずには過ごせません。

そんな中、日に日に異臭を放ち始めたのが、同じく住み込みスタッフのオーストラリア人Eさんです。


「シャワーを浴びなよ」と言う私に、「大丈夫」と返す彼。

「大丈夫じゃないよ」と文句を言えば、「みんなはシャワーを使い過ぎ。池で水浴びすればいいし、もっと水を大切に、多少のニオイぐらい我慢しろよ」と反論されました。

「自然の中でヤギと暮らしているんだから、多少のニオイはあって当然。池で洗えば節水にもなる。シャンプーを使って排水する方がよくないよ」というのが彼の主張。彼に言わせれば、おかしいのは私たちだと言います。

「なるほど、そういう考え方もあるんだなあ」と、色々考えさせられました。

このときは結局、彼の主張を尊重し、「シャワーはいいから、もっと池で水浴びをして、体を洗ってほしい」とリクエスト。「それならば」と彼も納得し、お互い平和を取り戻しました。

「それっておかしい」は対話のチャンス

意見や行動が違うとき、お互いがお互いに「アイツはおかしい、間違えている」と決めつけていては、そもそも対話になりません。

「あのやり方は、おかしいよ……」

相手の意見や行動がどうにも納得いかないときは、習慣や意見の「違い」か「間違い」か、まずは考えてみてください。言葉遣いや色々なルール、すべきことなどを誤解して、相手が実際間違えていることだって、たくさんあります。しかし、たとえ相手が間違えているとしても、頭ごなしに叱責するだけでは状況は変わりません。

飲み会で、堂々と上座に座る若手メンバー。
いつも愛想がなく、笑顔を見せない管理職。
会社の電話を取ろうとしない新社会人。

たとえばそんな相手にも、指摘する前に「どうして相手はこんな行動を取るんだろう」と、一度考えてみてほしいのです。

仲間の飲み会は体験していても、目上の人とは行っていない。

「ニヤニヤ笑うもんじゃない」という教育を受けてきた。

一般電話がない家が増え、会社に入るまで電話を取り次いだことがない。

相手の行動の背景には、その人が過ごした時代や文化の違いがきっとあります。そしてそこには、対話してみないとわからない、聞いてビックリの興味深い発見が、きっとあると思うのです。


「それっておかしい」そう思ったら対話のチャンス。

「違い」か「間違いか」をまず考え、相互理解を深めましょう。

エディ先生のワンポイント解説

ゆとり対応を生む昼寝のパワフルな効果

私たちは日々、様々な情報を得るときには、五感から入ってきた情報を「ワーキングメモリ」という脳の〝メモリ機能〟に一時的に蓄えてから処理を進めていきます。このときにかかる負荷は「認知負荷」と呼ばれていて、75ページにも書いたように、脳への情報の取り込みやすさの指標と考えられています。

ワーキングメモリは、私たちが日常的に仕事をしたり会話をしたりする多くの場面で必要なもので、脳では、先述した前頭前野と呼ばれる場所の働きに支えられています。

また、前頭前野は、価値判断や意思決定、スケジューリングなど、脳の中でも高度な情報処理を担う場所で、長く使い続けると疲れてきてしまい、働きが鈍くなってきてしまいます。**充分な睡眠が取れているときは、前頭前野もストレスなく働くことができますが、睡眠不足では充分な働きが期待できません。**

たとえば、寝不足だったり、忙しくて働きづめだったりすると、夕方頃から急にイライラしたりすることがあります。これは、前頭前野が充分に働いていないことが大きな原因です。

判断をくり返したり予定を調整したりして、「頭を使う」ことを続けていると、前頭前野に負荷がかかります。並行して、誰かに気を遣ったりすると、前頭前野に頼りっきりの場面が続いていることになります。これでは、前頭前野も疲れて認知負荷の高さに耐えられなくなってしまいます。結果、複雑な仕事の処理が進まず、イライラしたり怒ったりする感情につながるのです。

前頭前野には、脳の中の「理性」担当という役割もあります。「感情」担当の扁桃体などが暴走してしまわないようにブレーキをかけるのに重要な役目を担っています。しかし、**前頭前野の働きが鈍くなっていると、この「理性」のブレーキもうまく利きません。**「感情」のアクセルを抑えきれなくなることから、イライラしたり、実際に怒りっぽくなったりしてくるのです。

このようなときには、少し昼寝をするといいでしょう。大人の昼寝は「パワーナップ」とも呼ばれています。〝ナップ〟とは居眠りのことなので、少し眠ることで脳にパワーがみなぎるイメージです。**10分から15分程度の〝ナップ〟でも、ワーキングメモリに溜まった不要な分が解放され前頭前野も休まることから、目覚めた後にはスッキリした脳で過ごせるようになるものです。**

3

教わり上手は聞き上手

知らない＝学びのチャンス

「色々な業界で仕事していて、わからないことや困ることはないんですか？」

と、質問をいただくことがあります。はじめての業界やはじめての仕事では、もちろん知らないことだらけです。たとえ下調べをしていても、現場に行けばたくさんの疑問に出会います。

自分で本を読み、新聞を読み、ネットを使って勉強することも大切ですが、それだけに偏ってしまうのは、とても残念でもったいないことです。

「それってどういう意味ですか？」

「はじめて知りました！　ぜひもっと詳しく聞かせてください」

知ったかぶりをせず、きちんと丁寧に質問すれば、表面的な情報だけでなく、内部の人や当事者しか知らない貴重な話も聞くことができます。

「でも、わからないなんて言ってしまったら、バカにされたりしませんか？」

「そんなの相手に聞かなくても、後で調べればいいことでしょう」

確かに、おっしゃる意味はわかります。インターネットにスマートフォン、誰もが持っている便利なツールでこっそり調べれば、恥ずかしい思いをしなくて済みますし、ちゃんと知識も得られます。

が、それでもやっぱりもったいないことです。

「知らない」＝「学びのチャンス」。

加えてこの瞬間は、相手の気分をポジティブにする、相手に自分を好きになってもらう、大変貴重かつ良質なコミュニケーションの機会なのです。

「谷さんと話していると、オレってすごく優秀な人かもと思えてくる」

とは、ホントに優秀なコンサルタントの友人Gさんです。

情報収集が得意で顔の広いGさんは、流通業界の裏話にも詳しく、「これってどういうこと？」と質問すると、「それはね……」と色々説明してくれます。「ふむふむ、へー！　なるほどなあ……」と感心しながら聞く私に、彼は「聞いてもらって気分いいし、もっと話したくなるよ」と言ってくれました。

お金のこと、仕事のこと、経済の話や世界情勢、芸能情報に至るまで、世の中は知らないことだらけです。しかも、誰かの意見や経験談は、その人に聞かなければわかりません。

昔はヤンチャしてたんだよねという友人にも、
就職活動に悩む学生にも、
今は仕事をしていない子育て中のお母さんからも、
教えてもらいたいことがたくさんあります。

教わり上手は、いつでもどこでも周りの人を「先生」にします。
そして「先生」になってくれるその人は、たいていの場合、誇らしげに色々な話をしてくれます。

わからないこと、知りたいことは、上司や先輩、周りの人に、臆せず質問してみましょう。**自分から好奇心を持って質問することで、会話の量がどんどん増えます**。しっかり教えてもらうことで、自然と知識も増えていきます。

無知に気づけば、知識が増える

「そんなことして嫌がられたりしませんか？」と思うあなたにもう一言。

確かに嫌がる人もいます。

タイミングが悪かったり、虫の居所が悪かったり、そもそも質問されることをうっとおしいと思う人もいます。もしそういう人に当たったら、「すみません」と謝って、二つのことを見直しましょう。

一つは**聞く態度**。教わり上手は聞き上手です。相手に気分良く話をさせる「聞く力」を持っています。きちんと気持ちを込めた相づちを打っているか、何度も同じことを聞いていないか、表情や態度はどうなのか、色々見直すチャンスです。

そして二つ目は**聞く相手がどんな状況か見極めること**です。

忙しくないか、機嫌はどうか、そんな相手の状態もきちんと観察してみましょう。「観察してもわかりません」という場合のオススメは、一度は声をかけてみること。声をかけて反応を見て、「この人は一体どんな人なのか」を知り、相手に関するデータベースを積み上げていくのです。

知らないことは、決して恥ではありません。

自分の「無知」に気づけたら、それは自分の知識を増やす、勉強すべき瞬間が来たということです。「教えてください」の一言で、周りに素敵な先生をどんどん増やしていきましょう。

4 「みんなのために」質問しよう

「わからない」を解決すれば、会議やミーティングが活性化する

「ＩＰＯって何ですか？」

起業家支援アドバイザーの勉強会に参加していたときのことです。

講師の説明の中で頻出するこの言葉が、どうにもさっぱりわからなくて、途中で手を挙げて質問しました。

「え、知らないの？」と驚かれたものの、説明を聞いたおかげでスッキリ理解

しました。聞いてよかったとは思いましたが、周りの人にとってみれば、恐らく知っていて当然の常識用語です。「講義を止めてごめんね」と休憩時間に謝る私に、「実は私も知らなかった」の声が多数返ってきました。

「講義を止めちゃ悪いかと思って」
「知らないなんて恥ずかしくて言えない」
「質問してくれて助かった」

こんな風に、「そんなことも知らないの？」と、バカにされたくないと思うのは、歳を重ねてくればこそ生まれるもの。持っていて当然の気持ちです。

それでもやっぱり思うのは、みんながきちんと理解しないままに進む残念さです。「ある言葉がわからない、どういう意味か理解できないけど、みんなの前で質問するのは恥ずかしいから、後で誰かに聞くことにしよう」と、もしメンバーが思っていたら、大事な会議やミーティング、勉強会も機能しません。

コミュニケーションは伝わりあってこそ意味があります。わからないことをわからないままにしておいて、いいことは何ひとつありません。自分自身がわからないとき、または、たとえ自分はわかっていても、みんなはわかっていないんじゃないかと思ったとき、ささっと手を挙げてスマートに聞く、質問上手になりましょう。

質問上手が使うシンプル3フレーズ

みんなのために一肌脱ぐことができる質問上手が使うのは、次のシンプル3フレーズです。

①「**質問してもいいでしょうか?**」と許可を取り、
②「**○○は、どういう意味か教えてください**」と、コンパクトに聞きましょう。

ダラダラと持論を述べたり、質問の言い訳をしたりするのは無粋です。**聞きたいことは、1フレーズでシンプルに、**を心がけます。

答えを得たら、③「**なるほど、○○ということですね。ありがとうございました**」と復唱し、感謝の気持ちを伝えて質問終了。一度聞いたら忘れないように、きちんとメモをノートや心に残しましょう。

講師として、また指導する立場から言えば、わからないことを丁寧な態度で、きちんと質問してくれる人は、とてもありがたくうれしい存在です。反応は、ないよりあったほうがうれしいものです。

わからないことを「わからない」と言い、「教えてください」と素直に聞く。その姿勢は、きっと周りに潔く映り、いい印象が残ります。

「わからないのは私だけかもしれない」
「アイツはモノを知らないヤツだとバカにされるかもしれない」
そう思っているのは、あなただけではありません。
小さな不安も無知な自分を恥じる気持ちも乗り越えて、みんなのために、スマートに質問する人になりましょう。

5

頼ることで会話が増え、仲間も増える

頼り下手は時間泥棒!?

社会人になって数年経てば、ある程度のことは自分で解決したいもの。何でもかんでも周りに頼って甘えてばかりでは、レベルアップは望めません。

ですが、人に頼らず何でも抱え込み、パンクして、自滅するのも行き過ぎです。

「自分で色々抱え込まず、他の人にも頼りなさい」

こんな風に私は、高校時代の部活動でも、大学時代のアルバイトでも、そして社会人になってからも、色々な人に言われ続けました。

「周りに頼るなんて迷惑だから、自分でできることは自分ですべき」
そう思っていた当時の私は、仕事や役目を抱え込んでは自滅する、典型的な「頼り下手」でした。

ちょっと恥ずかしい本音を言えば、「こうして無理して頑張ってる自分を、きっと周りは認めてくれる」「頑張っていれば、みんな気づいて助けてくれる」と期待していました。しかしその気持ちは満たされず、「みんなちっとも動いてくれない、私のことを認めてくれない」と不満を募らせ、愚痴りがちでした。今振り返っても当時の自分を、なんて面倒くさいヤツだ、と塩っぱい気持ちで思い出します。

あなたはムリをしがちな人？　チェックリスト

- □ 手伝おうか？　と言われると、心配をかけて悪いと思う
- □ 周りの人に頼るのは、迷惑をかけることだと思ってしまう

□ 残業しても休日出勤してでも、自分の仕事はやり切りたい

こう考える「頼り下手」は、総じてみんな頑張り屋さんです。自分でなるべく何とかしようと、一生懸命頑張って毎日無理を重ねます。もちろん、頑張ること自体は決して悪ではありません。時には自分の限界まで、仕事をやり切ることだって大事です。

問題なのは、**自分一人で抱え込むことで、知らぬ間に迷惑をかけ、周りの仕事や達成感を奪い、自分のチームや仲間を作るチャンスをうっかり見逃していること**なのです。

あるとき先輩から言われた「頼られないって、さみしいことだよ」「抱え込み過ぎは、迷惑になるよ」という言葉は、今でも私の心に残っています。自分が誰にも頼られなかったらと想像し、相手が差し伸べてくれる手を断ることの申し訳なさと、頼らぬことの弊害を考えるきっかけになりました。

「自分一人が無理すればできることだとしても、時には誰かに頼んでみよう」


そう思って実行すると、相手との対話が自然と増えることに気づきます。

「やってくれてありがとう」と感謝する機会もたくさん増えます。

「任せてもらって成長できた」と、うれしい言葉をもらえるようになってきます。

そして何より、**何かを一緒に成し遂げる仲間がだんだん増えていきます。**


「仕事を頼むには説明しなきゃならないし、そんな余裕は全くないよ」

もしそう思うなら、必要なのはふだんの準備です。

誰かに仕事を頼むには、自分の仕事を細分化しておく必要がありますし、相手の力量をしっかり把握しておくことも必要です。立場が上になれば、自ずと誰かに仕事を任せる場面も増えてきます。


誰かに頼れる自分になるのは、未来の自分と周りのため。

そのことを、どうか忘れずにいてください。

6

〝引き算コミュニケーション〟で居心地のよさをつくる

人と接するときに気をつける べき三原則

「はじめてなのに、この人すごく話しやすい」

「何だか、随分以前から、知り合いだったような気がする」

「はじめまして」の出会いから、なんだかすごく居心地がいいと思える人が、みなさんの周りにもいませんか？　もしかすると、それとは逆に、何度会っても話しにくい、一緒にいると落ち着かない、そんな気分にさせる人のほうが、周りにたくさんいるでしょうか。

「足し算じゃなくて、引き算するのが大切なのよ」

あるとき、落ち着いた雰囲気で居心地のいい、素敵なバーのオーナーが教えてくれました。彼女が一人で切り盛りするその店は、狭いながらも心地良く、なぜだか何でも話してしまえる空気が漂っています。

仕事や人間関係がうまくいかず、もやもや悩んでいた私は、「それってどういうことですか？」と重ねて質問し、相手をリラックスさせる「居心地のいい人」の心構えを色々教えてもらいました。

中でも次の三つのことは、私が人と接するときの原理原則になっています。

1 自分ができることは何かをわきまえる

「相手の人生は、あくまでその人のもの。代わってあげることはできないし、ずっと一緒になんていられない。自分が相手にしてあげられることなんて、結局はそんなにたくさんあるわけではないのよね」

オーナーが言うように、自分が誰かにしてあげられるのは、ほんのちょっとの手助けだけ。話を聞いて気持ちを軽くする〝引き算コミュニケーション〟です。そう思ったら、それまで持っていた、「何かいいことを言わなければ」「相手に『さすが！』と思われなければ」と、力んでいた気持ちが抜けました。こちらが力まずその場にいると、相手もだんだんリラックスしてきます。それで十分だと思うのです。

2 安心な場をつくる

「聞いた話は他言しない。相手の打ち明け話を聞くのなら、そこは絶対の基本だからね」

「ここでの話」は「ここだけの話」。たとえ悪口ではないとしても、聞いた話は他言無用です。心の中にそっと留めておきましょう。

3 相手の話を「評価せず」聞く

「色々な立場の人がいて、考え方も様々。いいか悪いかなんてこと、状況次第で変わるものよ」

オーナーが言うように、一緒にいて居心地のいい人は、相手の話に対してニュートラルです。いいか悪いか評価せず、ただ淡々と耳を傾けて聞いてくれます。

「そんなことを言われても、賛成できない意見のときはどうするの？」

もちろん言いたいことがあれば、相手に伝えていいのです。

重要なのは、**意見を伝えるタイミング**です。何を言っても非難されない、バ力にされないと思えばこそ、小さな悩みや自分の弱みを出せるもの。聞くと決めたら耳を傾け、自分の意見は後にする。「聞く」と「話す」を混ぜるからややこしくなってしまうのだと思います。

居心地のいい人のもとには、色々な人が集まってきます。たとえ他言できなくても、聞いた話は自分の中で知恵となって積み重なり、考え方や価値観の幅をだんだん広げてくれます。

集まる人も情報も、全ては自分の強みになります。

居心地のいい人がやっている「引き算コミュニケーション」は、周りも自分も幸せにします。居心地のいい人になりたいと思うなら、今日から早速、この三つの項目を意識してみていただきたいと思います。

7

イヤだと感じるアドバイスに、耳を傾ける

素直にアドバイスを聞けない私がとった方法

「いつもいつも元気だねえ」と色々な方に言われる私ですが、実は些細なことで凹みがちです。「あの対応は、よくなかったかも」「自分の強みって何だろう」など、小さなことから大きなことまで悶々と、我ながらよく悩んでいます。

ひとりで悩んでも仕方ない、と常々思っていますから、悩んだときには周りに相談します。その際、色々な意見を聞きたいので、できるだけタイプが違う、複数の人を選んで話すことにしています。

複数の人に何度も同じ内容を話すわけですから、自ずと課題も気持ちも整理でき、聞いてもらって勇気も湧いてきます。「どう思う?」と聞くことで色々な意見がもらえるのは、ありがたいことだと思います。

とはいえ時に、どうしても素直に聞けないアドバイスをもらうこともあります。

「そのプログラム、こう変更したらいいんじゃないの?」

「地元の経営者が集まる会があるから、そこで営業したほうがいいよ」

そんなアドバイスに、「そんなのイヤだ」「やりたくない」「私のこと、全然わかってくれていない」と、恩を忘れた不平不満ばかりが浮かびます。納得していない私の様子に、相手もどんどんヒートアップ。いかに自分の言葉が正しいか、私が素直に聞くべきか、熱弁を振るう相手にこちらも一層ムキになり、結果、お互い気まずく対話を終えることもよくありました。

「どうしてこうなってしまうんだろう……」とよくよく考えてみれば、お説教もアドバイスも、言う側にすれば、私のことを思ってのことです。私がイヤだと主張すればするほど、「わかってくれるまで何としても説得しなければ！」と、相手の話は長くなります。

そんな風に、相手の言いたい気持ちに火をつける「言いたいスイッチ」を押しているのは私自身だと気づけてから対応方法を転換し、イヤだと思うアドバイスほど、まずは素直に反論せず、きちんと聞こうと決めました。

「なるほどなあ……。意見をくれてありがとう」
「そのアイデアは考えつかなかった」
「参考にして考えてみる」

そう伝えれば相手も満足し、たいてい話は短く終わります。

それでも、もらったアドバイスに反発したくなったら？

こう話すと、

「本当は納得してないクセに、それって嘘になるんじゃないの？」

「こちらが聞き入れて、相手をイイ気にさせるのはよくない」

といった声も聞こえてきそうです。

素直に聞けないアドバイスは、受け入れがたく、ついつい反発したくなります。相手がいかにわかっていないか、何とかしてわからせたくもなります。

そんなときに思い出したいのが、**相談したそもそもの目的**です。

私たちは会話の中でだんだん気持ちが高ぶってくると、ついつい最初の目的や、対話のゴールを見失いがちです。もちろん感情の赴くままに、議論するのもたまにであれば悪くはないと思います。ぶつかることで見えてくる、新たな視点もきっとあります。

しかしながら、毎回同じく感情的に議論するだけではもったいないとも思うのです。**うまくいかないなら工夫したり、別のやり方を試してみるのがコミュニケーション上達の近道です。**

私の場合、相談をする目的は、色々な意見をいただいて、思考の幅を広げることです。決して相手を言い負かすためにに相談するわけではありません。

まずはいったん聞き入れる。

そんな対応も、選択肢としてぜひ加えてみてください。

相手の言葉を受け入れたら、その後少し時間を置いて、もらったアドバイスを振り返ります。**素直に聞けない理由は何か、もし実行したらどうなるのかなど、色々な視点で考えます。**

「もしプログラムをアドバイス通りに変更したらどうなるんだろう」
「もし営業するなら、私は何を伝えたいかな」

そもそも「イヤだ」と思っていますから、ふだんこんなことは考えません。だからこそ、考えてやってみる価値があると思うのです。

相手の「言いたいスイッチ」を押すのはいつも自分自身です。
「イヤだ」と思うことさえも、しっかり取り込んでいきましょう。

エディ先生のワンポイント解説

カチンときたときの対処法

仕事や日常生活では、谷さんのお話にもあるように、上司や友人から聞いた

くないアドバイスを受けることがあります。アドバイスは、自分のために言ってくれているとは知りつつも、否定的な内容が含まれるものなので、あまり聞きたくないと思いがちです。

ストレートな表現を耳にすると、カチンとくることもあるかと思います。カチンときただけならやり過ごすことができても、その後、怒りや嫌悪感のようなネガティブな感情が湧き出てくると、抑えるのが大変になってしまいます。

何かしらのきっかけでカチンときたり、不安や寂しさを覚えるのは、「一次感情」と呼ばれるもので、いわば心の反射的な反応です。この一次感情を受けて、後からふつふつと湧き出る「怒り」のような感情は、「二次感情」が実際の行動や長びく感情に結びつくものなので、ネガティブな感情に心を悩ませる人にはこちらがやっかいなものです。なるべくなら、一次感情から二次感情へのつながりを止めるようにしていきたいものです。

123〜124ページで触れたように、怒りのような激しい感情が生じる人の脳では、理性と感情のバランスが崩れています。理性のブレーキが感情の暴走を抑えることができなくなっている状態と言えます。

となると、怒りを覚えそうになったときには、理性と感情のバランスを整えるようにしていくことが有効な方法となります。ブレーキが利かないなら、利くように整えるのが〝理性的な〟感情のマネジメントです。

それには、**そのときの感情を言葉にするのがよい**でしょう。それも、きちんとした文法にまで気を配った文を思い起こしたり、実際にメモに書き留めたりすることが有効です。そうすることで、思考や理性的な判断を担う前頭前野の活動が高まって「理性のブレーキ」が復活します。

もうひとつ、普段から「自分の内面を見つめる目」や「自分自身を客観視する目」を持っていると、理性のブレーキが壊れることはなくなってきます。

自分が見ている世界に自分自身を登場させるような視点は「メタ認知」と呼ばれていますが、瞑想をしたり、何かの折に内省をしたりすることで、この「目」は鍛えられていくのです。

8

「ごめん」はいつでも、「ありがとう」は何度でもOK

「ごめんなさい」を言うタイミング

大人になった今、素直に謝れるということ、そして感謝できるということは、改めて本当に大事なことだと心の底から思います。


10年ほど前、ある仕事でご一緒したMさんに、

「一緒にやるのはもうやめましょう」

と伝えたことがあります。当時、色々あったことが原因で伝えたのですが、仕事はそれっきり、ご一緒することはなくなりました。そのときは伝えるべきと

思って口にした台詞ではありましたが、だんだん時間が経つにつれ、「いくらなんでも失礼で、ひどい言い方しちゃったなあ……」と大反省。しかし、謝る機会を逸したまま、数年間が経ってしまいました。

ケンカしたわけではありませんから、会って普通には話せます。とはいえ、心なしか気まずい……。そんな気持ちを抱えたまま、あるイベントでそのMさんとご一緒することになりました。

この機会を逃したら、もう謝ることはできないと腹をくくり、Mさんにアポを申し出て事務所を訪問しました。

最後に一緒に仕事をしてからもう何年も過ぎていますから、Mさんはすっかり忘れているかもしれません。もしかしたらやぶ蛇で、相手を不快にするかもしれません。そんなことを思いながら、当時の非礼を申し訳ない、もう忘れているかもしれないけれど……、と詫びる私にMさんは、ニッコリ笑顔で「覚えていますよ」と言いました。
「谷さんに言われたあの当時、内心めちゃくちゃショックでした。今はもう引きずってはいないけど、謝ってくれてありがとう」

そう聞いて改めて、当時の自分の言葉のマズさを反省しつつ、お詫びできたことに感謝しました。

私たちは毎日たくさんの経験を通じ、様々なことを学習します。その中で、過去の自分を恥ずかしく、申し訳なく思い出したりすることもあります。
「昨日は相手を責めてしまったけど、間違っていたのは自分かも」
「あのときどうして、あんなことを言ってしまったんだろう……」

若気の至りと笑い話になることもあるでしょうし、私のように、実はお互い小さなわだかまりを心の中に抱えていたということもあるかもしれません。

たとえ数日しか経っていなくても、あるいは数十年経っていても、「悪いことをしたなあ」と気づくことができれば、「ごめんなさい」を相手に伝える価値があります。「ごめんなさい」に有効期限はありません。

「ごめんなさい」は3点セットで伝えよう

ただし、重たい伝え方はよくありません。

「あのときはごめんなさい」
「自分の未熟さに今になって気づいた」
「貴重な機会をありがとう」

お詫びの気持ちと自分の気づき、気づかせてくれた感謝を三つ、セットでコンパクトに伝えましょう。そのためには、「悪い」と気づけたそのときに、整理する時間が必要です。

何を悪いと思っていて、なぜそう思えるようになったのか。

おかげでどんな気づきを得て、これからどうしようと思うのか。


過去の自分を振り返って未熟さに気づけることは、貴重なチャンスです。

もし「ごめん」を伝えられなくても、きっとこれからに活かせます。


「やっちゃったなー」という後悔は、誰かと関わり合っているからこそ生まれるものです。

失敗することを恐れずに、切磋琢磨しながらどんどん成長していきましょう。

「ありがとう」はどうお返しする？

では、「ありがとう」はどのタイミングで伝えたらいいのでしょうか。

学生時代の先輩Tさんは、いつも色々教えてくれて、相談にも乗ってくれて、とても力になってくれる方でした。

余りにお世話になり過ぎて、ありがたくも申し訳ない気持ちになっていたある日。

「Tさんにどうお礼をすればいいんですか？」と疑問に思って聞いたところ、

「オレに返さなくていいから。後輩に同じようにやってくれればいいよ」

との回答に、なるほどと納得しました。そうやって、先輩から後輩へ、過去から未来へと、色々な想いが受け継がれていくんだなあと感動したことを覚えています。

「恩送り」とも表現される、こういう素敵な考え方は、映画『ペイ・フォワード』でも、主人公トレバー少年の行動を通じて描かれています。

「もし自分の手で世界を変えたいと思ったら、何をする？」

中学校に新しく赴任して来た先生からの課題に対し、トレバー少年が出した答えは「Pay it forward.」自分が受けた親切や思いやりを、くれた相手に返すのではなく、別の三人に渡すという行動でした。

恩を受けたら別の誰かにペイ・フォワード。

こうして善意の連鎖が広がることで、世界はよりよい方向に変わっていきます。

そして世界をよりよいものに変えたらもうひとつ、忘れてはならないのが「ありがとう」です。恩をくれた方、お世話になった方には、感謝の気持ちを言葉に込めて伝えます。

多くの場合、「ありがとう」を伝えるのは、お世話になったそのときだけです。もちろんそれでもいいのですが、せっかくのうれしいやり取りを、1回きりで終わらせてしまってはもったいない。

「先日はありがとうございました！　以前紹介してくれたお客さま、お陰さまでいい関係が続いてるんですよ」

こんな風に**何度でも、今の自分の状況報告と「ありがとう」の言葉を合わせて伝えましょう**。言われたほうも、言ったほうも気分がいいのがこの言葉です。「覚えていてくれたんだ」と、お互いのうれしい気持ちを引き出して、会話も楽しく続きます。

苦手な相手にこそ「ありがとう」を伝えよう

そして、「ありがとう」を伝えるべきは、優しくしてくれた相手にだけではありません。

キツいお説教ばかりで好きになれなかった上司や、クレームが多くて会いたくなかったお客さまなど、当時は厳しく苦手な相手が、実は自分の成長のきっかけをくれていたということも、よくあることではないでしょうか。歳を重ねてようやく気づける学びもたくさんあります。

今の私はあなたのおかげだと思えたら、伝えどきです。**「ありがとう」の感謝の言葉は、時を越え、いつでも何度でも、伝えて損はありません。**

「ありがとう」はいつまでも。チャンスがあれば、何度でも。ありがとうを言える喜びをぜひたくさん感じてほしいと思います。

9

遠慮せずに、配慮する

配慮と遠慮は違うもの

「別に嫌われたっていいのよ」

こうハッキリ言い切るOさんは、全国各地の経営者から引っ張りだこの女性コンサルタントです。依頼を受けた仕事に真っすぐ向き合い、周りとの衝突も恐れぬ彼女のことを「キライ」と言う人も結構います。

当の本人は、そんな言葉をものともせず、「来てほしい」「あなたじゃないとダメなんだ」と依頼をくれるクライアントのために、毎日全国を飛び回っています。

「時間」という資源は有限で、決して取り戻せません。だからこそムダ遣いはしたくないし、今の私を必要だと言ってくれる相手のためにこそ使いたい。

そう言う彼女の主張は明確で、確かにそうだと深く納得させられました。


彼女のそんな生き方に、「格好いいな」と憧れます。

「でも、できれば嫌われたくないなあ」と言った私に、「そりゃそうだよ」と彼女は答え、続けてこう言いました。

「嫌われたっていいと思うのは、仕事のクオリティを下げない覚悟のこと。誰かに遠慮して躊躇したり、手を抜かないってことだからね」

確かに彼女の行動を見ていると、気さくにメンバーに声を掛ける、お世話になったら必ずお礼状を送るなど、ふだんから相手を心地よくさせる、気遣いや思いやりに溢れています。

「嫌われてもいいや」と、投げやりになるのとは違います。嫌われる勇気を持って事に当たる。新たに出会う目の前の人や、チームメンバーを尊重する。しかし、最優先は目指すべきゴールです。

人と本気で関わろうと思うなら、配慮はしても、遠慮をする必要はありません。もちろん謙虚に人と接することや、厳しい言動を控える慎み深さも美しいとは思います。しかし、**色々な人と関わって深く知り合い、何かを生み出していきたいと思うなら、遠慮するのは時間のムダ**なのです。

相手を気遣いながら意見を言う方法

出会いはいつも一期一会です。もしチャンスがあるなら、そこに遠慮は無用です。遠慮とは、人に対して、言葉や行動を控えめにすることです。**相手の評**

価やどう見えるかを気にするあまり、自分を出すのを控えていては、相手に何も伝わりません。

「でもさあ、自分を出し過ぎる人って、あんまり好きじゃないんだよね」

だからこそ、相手に対して配慮する気持ちが必要です。配慮とは、心を配ることです。心づかいとも言えます。「相手はどんな立場の人か」「TPOはどうだろう」などと、きちんと周囲に心を配るのが配慮です。

「私はこういうことがしたい」
「あなたのことをもっと知りたい」
「よかったら、一緒に何か始めてみませんか？」

こんな風に自分の気持ちを投げかけて、相手がどう思うかを聞いてみましょう。そして、相手からの反応は、聞き上手になって受け止めましょう。コミュニケーションは双方向です。決して無理に一方的に押し付けるのではなく、きちんと相手に配慮して、言葉を丁寧に選んで投げれば、いきなり相手に避けられるという事態もきっと上手に回避できます。

どんな反応が返ってくるかは、伝えてみてからのお楽しみです。

一期一会を後悔なく、次につなげていきましょう。

第３章
まとめ

1 ➡ 正しさは人それぞれ。相手の立場に立って考えよう

2 ➡ 「それっておかしい」と思ったときが、対話のチャンス

3 ➡ 知らないことは、学びのチャンス。質問して知識を増やそう

4 ➡ わからないことが出てきたら、挙手してスマートに聞こう

5 ➡ 頼り下手は機会損失。どんどん頼ってチャンスを作ろう

6 ➡ “居心地のいい人”になりたいなら、意見を伝えるタイミングを意識しよう

7 ➡ もらったアドバイスにムッとしたら、相談した目的を振り返ろう

8 ➡ 「ごめんなさい」と伝えるときは、３つの言葉をセットで伝えよう

9 ➡ 人と本気で関わりたいなら、配慮はしつつ、遠慮はＮＧ

第4章

今日からできる!
コミュニケーション
トレーニング

1

まずは練習、いざ修行に出掛けよう！

コミュニケーションは準備が8割

コミュニケーションスキルを磨くには、一も二もなく実践練習。いくらこの本を熟読しても、研修に参加しても、やってみないと身に付きません。

発表会やコンテスト、絶対に負けられない大事な試合に練習なしでいざ本番。といった無謀なことをする人は、きっと多くはないと思います（いなくはないですが……）。

にもかかわらず、大事な商談やミーティング、社内会議に交渉など、重要かつ次につなげるべきコミュニケーションの場に向けて、練習する人が少ないのはなぜでしょうか。

「コミュニケーションなんて、自然体でやるもんでしょう」

もしかするとこんな風に、みなさんも思っていらっしゃるでしょうか。

確かに我が身を振り返ってみても、特に何かを学んだわけでもないのに、知らないうちに話せるようになり、対話もできるようになっています。

「相手に合わせて態度を変えるのは、なんだかちょっとズルい気もする」という気持ちも伝わってきます。

練習を積み重ねれば、自然とできるようになる

研修に参加した受講生から、あるときこんなコメントをもらいました。

「実践しようと思うとすごく疲れます。

また、うまくいったらいったで、偽善っぽくなかったかと思えることもあります。谷先生はそのあたりを、どうしているのかが気になるところです」

そうなんです。確かに実践すると、疲れます。

わざとらしさも気になります。

コミュニケーション力を高めることは、スポーツと似ています。

意識すれば、これまで使っていなかった筋肉を使うので疲れる。

これまでのフォームと違って、ぎこちなさやわざとらしさが気になる。

しかし、それでも練習を続けていれば、いつか自然にできるようになっていきます。

そうなるために必要なのは、**たくさんの人とコミュニケーションできる、失**

敗ＯＫなトレーニングの場に出かけること。

幸いにも、世の中には交流会や勉強会など、様々な出会いの場にあふれています。「ここは練習！」と割り切って、いつもの自分を少し変える修行の場に出掛けてみましょう。

2

カンタンなのに楽しい！出会いの場のつくり方

「飲み会」も立派な出会いの場

「ようし、じゃあ出会いの場に行ってみよう！」

そう考えて行き先選び。でも、「いきなり知らない人ばっかりの場所に行くのもイヤだしなあ……」と思う人は、少なくないのではないでしょうか。

そう思うなら、まずは気の置けない友人を誘って飲み会を企画してみましょう。参加メンバーそれぞれが誰かを誘って集まれば、そこは立派な交流会に早変わり。新しい出会いも期待できます。

また、せっかくの飲み会企画ですから、どうせやるなら、楽しくみんなで盛り上がるとベターです。そのためにも、**最初からテーマを決めて企画すること**をオススメします。

○○を食べる会、日本酒の会や寿司の会など、飲食を目的にした企画だと、行き先選びも楽です。そもそも飲食を目的に集まっていますから、オーダーするときにも、食べるときにも話題が出やすい特徴があります。誰かの出身地にちなんだ郷土料理のお店なども、盛り上がって楽しいかもしれません。

飲食ネタ以外にも、釣りやゴルフ、音楽といった趣味をテーマにしてみたり、資格や習い事をテーマにするなど、他にもたくさんありそうです。テーマで絞って集めれば、それが参加者みんなの共通の話題になり、盛り上がりやすくなります。

話しやすさも考えるなら、人数設定も大事な要素です。テーブルを囲んで全員で和気あいあいと話すなら、多くても6人程度に抑えましょう。

学びたいテーマの勉強会に行ってみよう

「飲み会を企画するのは楽しいけれど、もっと色々な人とも出会ってみたい」

そんな風に思った人にオススメしたいのは、**勉強会への参加**です。

勉強会のテーマは、あなた自身が興味を持てる、学びたい内容のものでＯＫです。私自身も起業した当時、「色々な人と出会わなきゃ！」と、多くの異業種交流会に出掛けました。ランチ会や立食型など、軽食付きの会場にはたくさんのビジネスパーソン。そこかしこで名刺交換がされていて、終了時には数十枚の名刺が私の手元にも残りました。

しかし、どうにも次につながりません。

みんな出会い目的で来ているので、自分のビジネスにメリットがないと判断されれば、即終了。どんどん次の人のところに行ってしまいます。

できるだけたくさんの人と名刺交換の練習をしたいなら、こういうタイプの場も効果的です。しかし、次につなげるコミュニケーション力を磨くには、少々不向きかもしれません。

そこでオススメしたいのが、先にも書いた「**勉強会**」です。

10年前、「目標管理制度」について勉強しなければ、と思っていた私。インターネットで検索すると、半日3000円で参加できる「よくわかる目標管理制度」という講座がありました。スタジオから配信される映像を、会場のみんなで見るサテライト講座形式で、会場には、20人くらいの参加者が、数人のグループでテーブルを囲んで座っていました。

講座の中にはグループディスカッションがあり、同じテーブルのメンバーと名刺交換を行います。参加者は同じ目的を持って来ているので、受講動機やそれぞれの会社の話題で盛り上がり、和気あいあいとおしゃべりも弾みます。

その中で「谷さんは何をしている人なの？」と質問され、お話したお相手が、たまたまコーチングにご興味をお持ちの方だった、というラッキーなオマケ付き。この後トントン拍子に話は進み、管理職研修のご依頼をいただくことになりました。

全く期待せずに参加した勉強会がまさか仕事につながるなんて驚きでしたが、この一件で、よく考えたら当たり前の2つのことに気づきました。

自分のことをちゃんと「短く」話す

どんな勉強会も、基本的にはそのテーマに興味・関心を持った人の集まりです。参加動機や勉強歴、どこで情報を見つけたかなど、気楽に聞ける話題がたくさんあります。

「今日はどうして参加しようと思われたんですか？」

「どちらで情報を知ったのですか？」
「いつから勉強なさってるんですか？」

など、**定番質問フレーズを用意して臨めば、最初の話題に困ることもありません**。そしてこのとき大切なのは、**自分のこともちゃんと「短く」話すこと**。

私たちは「はじめまして」の相手と出会うとき、少なからず「不安」を抱いています。

「この人は何を思って私に近寄って来るんだろう」
「不用意にしゃべったら、よくない展開になるかもしれない」

そんな風に思っている相手に色々質問しても、返って来る答えは当たり障りのないものばかり。**まずは相手の不安を解消するために、少しだけ自分のことを先に話しましょう**。

そのためにも、先の質問に対する自分なりの答えを、事前に考えておいてください。

たとえそのときは実りのある出会いにつながらなかったとしても、得た情報や知識、学びや気づきは一生モノ。多様な学びの積み重ねが、次の出会いの話題になります。

だからこそ、行き先選びは自分自身の興味優先、学びたいテーマを選びましょう。

ビジネススキル、趣味の世界など、まずは自分が興味を持てる、行ってみたい勉強会をぜひ探してみてください。

憂鬱になるのは当たり前。そんな自分を自覚しよう

「やっぱりやめとけばよかったなあ……」

「行くと決めてはみたものの、参加直前、何だかユウウツになってきた」そん

な体験をきっと誰しもお持ちだと思います。

はじめての場に臨むとき、私たちは何となく、不安な気持ちを抱きがち。まずはそのことを「当たり前」と自覚することから始めましょう。

「どんな人が来るかわからない、変な人がいたらどうしよう」

このように、これから自分に訪れる時間が、果たして安全か快適か、予測できない状態は、大げさに言ってしまえば、「安全」が保証されていない緊急事態とも言えます。そんな場に行くのは気が引けると心が反応してしまうのも、至極当然、生き物として自然な反応と言えるでしょう。

「なるほどなあ」と思ったなら、まず一歩。

これから行く場は安全か、問題ないかを「知るため」に出掛ける、と考えてみてはいかがでしょうか。

場所、人、内容、進め方。そもそもこの場が企画された意図は何なのか、どんな関係者が関わっているのかなど、収集できる情報は、みなさんの想像力に応じて無限大に広がります。

場づくりや教えることを仕事とする私の場合、必ず収集して帰るのは、会の運営の仕方や講師の話の進め方。

勉強会のテーマそのものの情報や学びはもちろんですが、全体の雰囲気づくりやどんな人が参加するのかなど、「もし自分がこの会を企画するなら」という視点でしっかり情報収集します。素晴らしい内容ならお手本に、「うーん、イマイチ」と感じた場合は、その原因をじっくり観察・分析して、今後に活かすべく持ち帰ります。

もし**初対面が苦手なら、他の人がどんな風にコミュニケーションしているかを観察してみる**のもいいでしょう。**伝えることが苦手なら、講師がどんな風に伝えているか、分析してみる**のもオススメです。

せっかく行くのなら、費用対効果を最大にすべく、貪欲に臨みましょう。どんな情報を取りに行くか、事前に決めて目的を持って参加します。その場の雰囲気は行ってみないとわかりませんが、自分の目的を明確にしておくことは可能です。イヤだなあと憂鬱なまま、受け身で参加するのはもったいない。

しっかりもとを取りに行きましょう。

3

遅刻をチャンスに変える方法

「しまった、着くのが遅かった！」そんなときはどうする!?


「あれ、会場一体どこだっけ？」

「しまった、電車を間違えた！」

「思いも寄らぬ残業で、会社を出るのが遅れてしまった……」


色々な理由で出発が遅れ、スタート時間ギリギリに到着、もしくは遅刻参加。

こういう「しまった！」な事態は、いつやってくるかわかりません。

そんなことにはならないように、ゆとりを持って出掛けましょう。

以上、終わり。

……と、簡単には言いきれないのが、大忙しのビジネスパーソンの実状です。マイナス印象をリカバリーして、好印象に変えていくために、現場でどう振る舞うかもきちんと想定し、トレーニングします。ピンチはチャンスと理解して、対応力を磨いていきましょう。

ただし、遅刻やドタキャン、途中ヌケというのは、主催する側、講師の立場から言ってしまえば、やっぱり困りものです。

「忙しいんだから遅れるのも当然」と、気にすることなく振る舞われると、正直イラッとすることもあります。

だからといって、大げさに「本当に遅れてすみません……」と、いつまでも恐縮されすぎても、主催者としては困惑してしまいます。

遅刻や早退するときは、まずは場を乱さないタイミングを測りましょう。
既に始まっているときは、受付で謝罪をした後、静かに着席。誘導があれば従いますし、なければ適当な席を見つけて参加します。

ただ、後から参加するメリットは、会場内の参加者をまるっと俯瞰して見られること。席を選べる状態なら、「あの人どんな人だろう」と、興味を持てる人の近くに座りましょう。休憩時間のタイミングで「遅れてすみません」と、遅刻を理由に話しかけてみてはいかがでしょうか。

そしてもうひとつ大事なことがあります。
遅刻の謝罪は、お詫びで終わらせてしまってはもったいない。
遅刻したときこそ、主催者、講師、周りの人に話しかけるチャンスです。
「遅れてごめんなさい」に続く一言、たとえば「最初はどんなお話があったんですか？」などの質問や話題を用意して、そこから話を膨らませていきましょう。

4

光の速さで誘って次につなげよう

次につなげるってどういうこと？

コミュニケーションスキルは、レベルアップが実感しにくいものです。やる気を磨き続けるためにも、「できた！」と思える目標設定が大切です。

レベルアップしたかどうかを判断する基準のひとつが、「次につながったかどうか」です。

では、「次につながった！」と言えるのは、一体どんなときでしょう。

たとえば、

「もう一度会う約束をした」

「何か一緒にやろう！　と盛り上がった」

「メールやＳＮＳでやり取りする仲になった」

「相談し合う関係になった」

など、色々なことがありそうです。


既に親しい職場の人たちやお客さまとの場合だと、「より深い信頼関係」をつなぐこと、とも言えるでしょうか。

「次につなげる」とはどういうことか、ここで整理しておきましょう。

会いたいなら、すぐスケジュール調整。その場で決めてしまおう

まずわかりやすいのは、もう一度約束する、次回のミーティングの日時を決めるなど、具体的な予定を入れること。**【予定をつくる】がゴール**です。

「今度またぜひ飲みに行きましょう！」

「次の企画もご案内ください」


予定を入れようと思ったら、どちらかが誘わないことには始まりません。

しかしながらこういう言葉は、社交辞令で終わってしまい、たいてい実現しないもの。もし確実に会いたいのなら、思い切って誘ってみましょう。そして同時に「この日はいかがですか？」と、日程調整までしてしまうのです。

社交辞令で終わらせない！　行動の示し方

「では、本日この後いらっしゃいませんか？」

と講義に誘ってくださったのは、今も大変お世話になっている早稲田大学のS先生。はじめて出会った朝ご飯勉強会で名刺交換後、「今日の講義に来ませんか？」と、ありがたいお誘いをいただきました。

しかし当日は既に予定があり、無念にも訪問が叶いませんでした。

「残念だなあ、でもわざわざご連絡するのもなあ……」と思っていた私の元に、

「今後の予定はこうですよ、ぜひお越しくださいね」と書かれたシラバス（講義スケジュールのこと）付きのうれしいメールが届きました。


「また今度」の「また」は永遠の彼方になることも多いですが、そうではなくて本当にたまたま東京においでの折にはお声をかけてください。ご参考までにシラバスを添付しておきます。


具体的なスケジュールをいただいたおかげで、都合のつく日程を選ぶことができましたし、社交辞令じゃなかったんだとうれしい気持ちにもなりました。

はじめてお会いしてから2ヶ月後には実際に講義にお邪魔して、その後もずーっとご縁は続いています。

相手との予定を入れたいなら、会っている間に

たとえ会ったときは決まらなくても、一度具体的に誘うことで、その後の連絡もしやすくなります。

実は以前、はじめて入ったアパレルショップの店員さんと、その日の夜に飲みに行ったことがありました。また、勉強会の参加者同士で、新しく講座を立ち上げる企画が始まったこともあります。これもすべて、出会ったその日に日程調整をしたおかげです。

「でも、誰でも彼でも誘うなんて、節操がなさすぎるのでは?」

と思う人もいるでしょう。もちろん、出会った相手を全員誘うわけではありませんし、アナリティカルやエミアブルタイプなどの急接近を嫌がる相手、ドライビングタイプのように仕切られるのを嫌う人もたくさんいます。だからこそ、誘う流れにするためには、相手のタイプを見極めてコミュニケーションを取ることが必要です。相手の好きなこと、お困りごとなど、どんなことに興味があるのか、会話の中から探って情報収集してみましょう。もしそこに接点があるのなら、次につながる可能性があります。可能性があるのなら、そのまま放置していては、もったいない。

飲み会好きな私の場合は、誘いもたいてい飲み会が中心となりがちですが、飲まない方には朝食会、ランチやお茶のお誘いなど、いくらでも選択肢があります。色々と話して意気投合、「せっかくだから今度飲もうよ！」「ランチ行こうよ！」と盛り上がったら、「じゃあ、いつにする？」と即日程調整をしましょう。

【予定をつくる】とは、双方がスケジュールに予定を入れるということです。スケジュールに入れるために、まずは日時を決めましょう。

エディ先生のワンポイント解説

コミュニケーションを円滑にする秘訣

初対面の挨拶が終わっていきなり本題に入る――実に効率的な話の進め方です。はじめて会ったときに次の予定を入れるというのも、次につなげるためには大切な行動でしょう。

しかし、心の準備もできていないのにすぐに提案されたりすると、何かかまえてしまい、かえって〝心の壁〟を作ることもままあること。ものには順序というものがあるのだから、そう責付くなかれ、という気持ちもよくわかります。予定をひとつ入れるのであっても、まずは一度、それぞれのホームに帰ってから改めて連絡し合うのが礼儀という考えもあるでしょう。

食事でも、上品なフルコースをいただくときには、前菜から徐々にメインディッシュに向かいます。その過程で舌や胃もこなれてきて、気分も高まっていくからです。フルコールで配膳の順番を無視して、席に着いた途端にメインディッシュが出てきたら、どんなに美味しそうな料理であっても、あまり食指が動かないかもしれません。

コミュニケーションの場でも、心の準備が必要です。思わぬ展開があると心理的に構えてしまうので、次に何が待っているかの予想を相手ができるような話の並べ方をするのが、円滑なコミュニケーションの秘訣なのです。

とはいえ、毎回毎回、前菜からメインディッシュまでがゆっくりと並べられたコミュニケーションも、正直もどかしいものです。どんな内容なのかがよくわかっている場合には、途中を跳ばして、いきなりメインが出てきても驚くことはないでしょう。

最近のレストランでは、いきなりステーキが出てくるところもあります。もちろん、ファーストフードは食べたいものだけを素早く口にできるサービスです。このようなところで食事をするときには、いきなりメインディッシュを食べることをイメージしながら店に入ります。つまり、事前に心の準備ができていれば、驚くこともなくメインディッシュを受け入れることができるのです。

あるいは、この会議やこの人との会話では、いきなり本題に入るものだ、ということがわかっている場合も、〝心の壁〟を作らずに臨めるものです。

これは、いわば「タグ付け」ができている状態です。周囲の人に自分はそういう人だという認識してもらえれば、話の組み立てを考える必要がなくなることを意味しています。

谷さんがいきなり本題から始めたり、次の予定を入れたりしても、相手が受け入れやすいのは、この人は「メインディッシュ先行型なんだ」というタグ付けがなされるからでしょう。

タグ付けがされれば、相手の認知負荷も上がらずに済むので、受け入れてもらいやすくなります。

そうなればしめたもの。ややこしい手続きもなくメインまで辿り着けるようになるので、自分も相手もストレスの低い、円滑なコミュニケーションが取れるようになるでしょう。

5

フェイスブックを使って
もっとつながろう

「今は決められないんだけど……」そんな場合はＳＮＳを使おう

「出会ってすぐにアプローチするなんて、押しが強すぎて嫌がられるかも……」

そんな不安を持つ人も、もしかしたらいらっしゃるかもしれません。そういう人にオススメなのは、ＳＮＳを活用したつなげ方です。

ふだんは香川に住む私。冒頭にも少し書きましたが、起業してからは東京をはじめ、全国色々な方々と出会う機会が増えました。それまでは、一緒に飲んだり語り合ったり、そのときは楽しく盛り上がっても、やはり距離がネックになって、なかなか次にはつながらない日が続きました。

そんな状況が大きく変わったのは、2011年、フェイスブックを始めてからのことでした。メールでわざわざ近況報告するほどでもない日常のちょっとした出来事の共有や、「そっちに行くので会いませんか」のお誘いを、気軽にできるようになったのです。

次に会う約束はすぐに決められないけれど、いつか会いたい、つながっていたい。フェイスブックはそんな相手との距離を縮める便利なツールです。

ただし、使い方には少々注意が必要です。

会社の人とつながるべきか。

お客さまとはどうしよう。

人によっては、そんなお悩みもありそうです。

フェイスブックはあくまでツールです。いい面もあれば、慎重になるべき部分ももちろんあります。どんな目的で、どんな風に使うのか。ツールに振り回されないように、きちんと考えておきましょう。

SNSでのマイルールを決める

たとえば私が決めているのは、大きく分けて、次の3つのルールです。

- **必ず一度はお会いしたことがある人としかつながらない。**
- **家族の話題、写真はできるだけ掲載しない。**
- **誰かに対する批判など、ネガティブな投稿はしない。**

そもそも「谷さん、ふだんはどんな仕事をやっているの？」と言われて始めたフェイスブック。自己紹介ツールとしても活用していますから、ほとんどの投稿は「公開」設定にしています。

うれしいことに、私の投稿を見て興味を持ってくださった方から丁寧なメッセージ付き申請をいただくこともあります。ですが、それでもお友達としてつながるのは、直接お目にかかった後にしています。

私にとってのフェイスブックでのお友達は、お会いする頻度の多少はあっても、そのままリアルの人間関係です。直接ご縁をいただいた方々と、近況を知らせ合ったり刺激し合ったり、つながっておくための便利なツールなわけですから、誰でも彼でもつながってしまうと、本末転倒になってしまいます。

しかし、そのままお返事もしないのはさすがに心苦しいので、「申請とメッセージをいただいたうれしさと感謝」「出会った人とだけつながるというフェイスブック運用のマイルール」「非礼へのお詫び」「できればどこかでお会いしましょうというお誘い」を込めたお返事をお送りすることにしています。

「こんなこと、お送りしないほうがいいのかな」と毎回不安に思いつつも、えいやと送った後にいただくお返事は、たいていの場合温かく、「ぜひお会いしましょう」「いつか講座に参加します」という好意的なものだったりします。
もちろんそのまま無視されて、画面の前で「ごめんなさい」と反省することがないわけではありません。ですが、実際多くの方々と、こういったやり取りをきっかけに実際にお会いすることができ、うれしいご縁に発展することもあるのです。

変化の早いインターネットの世界では、きっとこれからもどんどん、つながるためのツールが新しく生まれてきます。自分自身にフィットする、使いやすいツールを決めて、よい関係につなげていきましょう。

6

10年後も覚えていてもらえるつながりのつくり方

10年前に知り合った人とのご縁が仕事につながる

「お久しぶりです、覚えていますか?」

つい最近、地元企業団体の方からこんなお電話をいただきました。携帯電話に表示されたお名前は、私が起業した10年前に何度かお目にかかった方。その当時、提案した企画は採用にならず、それきりご縁も途切れたままでした。

10年ぶりのご連絡は、ちょうど「ファシリテーション」ができる人はいないかなあと、ある企業に相談されて思い出してくださったとのことでした。

こんな風に、出会ったそのときにはつながらなくても、必要になったときにきちんと思い出してもらえることがあります。これも十分、未来に向けてつながるコミュニケーションと言えると思います。

「でもそれって結局相手の都合。こちらでどうにもできないでしょう」

こんな風に思うでしょうか。

確かに相手からもう一度会いたいと思ってもらえる状況が、いつ訪れるかは予測不可能かもしれません。

ですが、ちょっとした工夫をすることで、「いざ必要になったときに思い出してもらうこと」と、「思い出してもらう機会を増やすこと」は、十分可能です。

やり方は至極簡単。ポイントは、相手に対して2つのことを「具体的に」伝えることです。

CANとWANTを明確に伝える

ひとつはCAN。「こんなことができますよ」というあなた自身が提供できる価値を伝えます。

たとえば私の場合、「コーチング」や「ファシリテーション」はもちろんのこと、過去の体験から「建材関係」や「インターネット」、「ワーキングホリデー」や「イラスト」などが得意領域になります。

そしてもうひとつがWANTです。「何をしたいか」「何に興味があるか」など、自分のしたいことを具体的に伝えておきます。「英語の勉強をしたい」など、色々と話をしておくと、その関係のお誘いが自然と増えてきます。

「実は片付けがスゴく苦手で……。本当はもっと何とかしたいんだよね」

8年ほど前、友人となんとなく交わしたこんな会話がきっかけになり、紹介してもらったのがCさんです。当初は単に、「片付け好きなフツーの女性」だった彼女ですが、「私でよければ」と、我が家の片付けからはじまり、徐々に事務処理サポートもこなすようになりました。

その後、資格を取って見事に独立。今ではすっかり売れっ子ライフオーガナイザー（思考と暮らしの整理をする収納のプロフェッショナル）へと華麗なる転身を遂げました。

これはもちろん彼女自身のセンスと努力の賜物ですが、あのとき友人に自分のWANTを伝えてみてよかったなと思います。

CANとWANTを伝えることとは、決して自分のためだけではありません。あなたの持つキーワードをきっかけに、楽しくも刺激的なつながりの輪がどんどん広がるかもしれません。

自分のCANとWANTのリストを作って出会いに備えましょう。

エディ先生のワンポイント解説

なぜか記憶に残る人の特徴

仕事でもプライベートでも、「またこの人とご一緒したい」と声をかけてもらうためには、「確実に相手の記憶に残る人」になる必要があります。

相手の脳に自分のことが記憶として刻まれるには、「記憶として残すべき情報」にならないといけません。「残すべきか、残さざるべきか」の選別は、脳の海馬と呼ばれる〝記憶の関門〟が担っています。この関門をうまく通過できた情報だけが、脳に長く刻まれていくことになるのです。

となると、海馬の関門をうまくかい潜るようなコミュニケーションを取ることが、「記憶に残る人」になる近道と言えます。

そのためには、「**くり返し**」と「**印象深さ**」の二つがキーワードです。

くり返し何度も触れた情報は、その人にとって「必要な情報」の可能性が高く、海馬はその情報を記憶として脳に残し、必要に応じて思い出しやすくしようとします。また、印象深い情報は〝感情のひっかかり〟を伴うため、記憶に残りやすくなります。

たとえば、営業の担当者が顧客候補先に何度も通って顔を覚えてもらうという手は、「くり返し戦略」を使っています。何度も顔を合わせていると、その相手に親近感を覚えるという「ザイオンスの法則」も手伝って、記憶に残りやすくなるのです。

また、思い出してもらいやすくなるためには、話題になった情報に関連づけられていることも大切です。谷さんのお話にもあるように、自分を表すキーワードを伝えて「タグ付け」してもらうのがいい手です。数多い情報の中でも特に興味を惹くキーワードでタグ付けがなされていると、その人にまつわるエピソードなどの記憶がふっと蘇ってくるものです。

いわゆる「キャラ立ち」している人は、存在そのものがタグ付けされているようなものですから、やはり思い出されやすくなります。**印象深いキャラクターは、キーワードに勝るものなのです。**

第4章
まとめ

1 ⇒ コミュニケーションはスポーツと同じ。
まずは実践の場を増やそう

2 ⇒ 初対面のときは
少しだけ自分のことを先に話そう

3 ⇒ 遅刻は隣の人に話しかける絶好のチャンス（ただし人は選ぼう）

4 ⇒ また会いたいなら、
その場でスケジュールを調整しよう

5 ⇒ 約束がすぐにできない場合は
SNSを活用して距離を縮めよう

6 ⇒ 相手の記憶に残すため
CANとWANTを伝えよう

第5章

一歩先に進む！コミュニケーションのコツ

1

まずは近くの相手から話しかけよう

席に座る瞬間は話しかける最大のチャンス！

グループディスカッションやワークショップなど、対話型の勉強会ならいいのですが、講義型の勉強会や講演会の場合、講師や周りの人に話しかけるには勇気が必要です。

私自身も、もともとは、交流会などの「自由にどうぞ」な場が苦手です。「誰に話せばいいのかな……」と迷っている間に輪に入れず、結局一人、壁際から、微妙な笑顔で会場を眺めるという切ない事態になってすごすご退散。「なんだかなー」と、複雑な想いをしていたこともあります。

しかし、あるときから割り切って、「隣の人にだけは話しかける」というマイルールを決めてから、気持ちが楽になりました。

袖振り合うも多生の縁、とはよく言ったもので、たまたま隣の席になるというのもきっと何かのご縁です。**話しかける相手を探して悩むくらいなら、まずはさっさと隣の人に、「こんにちは」と話しかけてみてください。**

「話しかけると言ったって、そのタイミングが難しいんだよ」

そんな方にオススメしたいタイミングが、「席に座る瞬間」です。

「こちらのお席、空いていますか?」

「あ、どうぞ」

「ありがとうございます」

こんな風に声をかけ、以上終わりではもったいない。

「ありがとう」にそのまま続けて、会話を始めてしまいましょう。

最初の問いや声かけは、「どちらからいらしたんですか？」「今日も暑いですね」など、無難で答えやすいものを選びます。相手がニッコリ返事をくれれば、そのままコミュニケーションスタートです。

もしあまり反応がよくない場合は、サッサと切り上げ「ちょっとお手洗いに」と、いったん席を立ってしまいましょう。そうすれば、気まずい空気も持続しません。

いったん腰を据えて座ってから、「改めて」と話しかけ、沈黙を切り開くには勇気が要ります。誰かの隣に座るとき、何となくする会釈や挨拶、ありがとうの言葉をきっかけと考えて、対話を始める心の準備をしておきましょう。

2 声のかけ方に迷ったときに使える魔法のコトバ

「ありがとう」はどんな場面でも使えるキーワード

「話してみたら、とっても楽しい人だった」

こんな風に思ったこと、何度かありませんか。「しゃべってみないとわからない。なら、やっぱり話してみないと。でもなあ、一体なんと声をかけよう……」

こんな風に、話しかけるきっかけに悩む方も多いと思います。

そんなときにやってみていただきたいのが、**「ありがとう」を伝える機会を作ること**です。相手に少し働きかけてきっかけを作る作戦です。

「すみません、今日の講座って、何時まででしたっけ？」

たとえば、こんな質問をしてみます。

「ええ！　だって終わりの時間なんて資料を見ればわかるでしょう？　聞く必要はないんだけど……」

なんてお声も聞こえてきますが、これはあくまでたとえば、の話です。
調べる手段があるとしても、あえて相手に教えてもらう。何でもかんでも自分で済ませてしまうのではなく、**相手との小さな関わりを意識して作ってみる。**
そんなことも、たまには試してみていただきたいのです。

Googleマップや乗り換え案内、スマートフォンのおかげで、私たちの暮らしは本当に便利になりました。誰に聞かなくてもきちんと目的地に辿り着け、必要な情報が手に入ります。

その反面、周りの人に助けてもらう機会が激減しています。

道に迷ったら、人に聞く。

旅先のオススメを地元の人から教えてもらう。

こういったちょっとした会話の機会が、いつの間にかなくなっているのを感じます。それは、「ありがとう」の応酬が、また、そこから始まる色々なご縁が、世の中から激減しているということではないかと思うのです。

「ありがとうございます」を言えるシーンを、自ら作って話しかけましょう。勉強会だけでなく、電車の中で、旅先で、もちろん会社の中も含め、いつでもどこでも様々な場所で実践できる「声かけトレーニング」です。

3

いつもより口角を2ミリ上げよう

挨拶は筋トレと思って続けよう

「いらっしゃいませ、こんにちは！」

「ご注文の品はこちらです」

「ありがとうございました」


コンビニ、スーパー、百貨店。カフェに居酒屋、レストラン。

色々なところで当たり前のように聞こえてくる、店員さんの一方通行ご挨拶。

これってなんだかもったいない。そんな風に思ったのは、通りすがりのコンビニで、「いらっしゃいませ」だけではなくて、「こんにちは」と声を掛けられているることに気づいてからでした。

「こんにちは」と迎えてもらっているというのに、私は無言で入店し、何の言葉も交わさないのはもったいないと考えて、挨拶されたらきちんと返すようにし始めました。

やってみると気づくのは、挨拶されるシーンの多さです。「毎日何度も挨拶できる、これって立派なトレーニングじゃん！」と思うようになってから、単に挨拶を返すのみならず、笑顔もトレーニングするようになりました。口角を上げて、目も笑って、きちんと笑うと結構筋肉を使います。これって筋トレだなあと、大げさですが思ったりします。

ちゃんと相手の顔を見て、笑顔も添えて「こんにちは」。あいさつを返すと、返されたほうも笑顔になるのがうれしいものです。

そういえば、接客業のアルバイトをしていた頃、お客さまに挨拶を返してもらうだけで、うれしかった自分を思い出しました。

毎日どこでもできる笑顔のトレーニングは、道具いらずでコストフリー。しかも誰かを幸せにする、そんなパワーも秘めています。

挨拶されたらお返しする、これって本当は当たり前。「やって当然」と自覚して、早速今日から始めましょう。

エディ先生のワンポイント解説

笑顔がもたらす意味

コミュニケーションは、もちろん相手があってはじめて成り立つものです。たとえば目の前にいる相手は、あなたのどこに注目しているのでしょうか。人間の顔を見るときの脳の活動性を調べた研究では、相手の目と口に対する反応性が高かったとのこと。相手の注目度を上げるには、この部分に意識を向

けるのが得策のようです。

笑顔は、目元、口元の形が大切なので、目尻が下がって、口角が上がっているだけで、笑っている顔に見えてくるものです。そして、相手の注目の高さからすると、この部分に意識を向けることが、笑顔をコミュニケーションツールにするときには大切なことだと言えるでしょう。

近年の脳研究では、笑顔の魅力は〝脳に効く〟ことも明らかにされています。笑顔を作るときには、顔の表情筋を動かします。このときに「この筋肉が動いた」という情報が脳に送られることで、私たちの報酬系の神経ネットワークの活動性が高まってドーパミンが増えてくるというのです。

脳のドーパミンは、「うれしい」「楽しい」といった気分になっているときや、やる気に満ちているときに多く放出されています。

つまり、**「笑顔」を作ることで、自分の脳でドーパミンが増えて楽しい気分になるようなコントロールができる**ということです。

自分で作った笑顔の効果は、実は、自分のためだけではありません。その笑顔を見た相手の脳でも変化が生じていることがわかってきています。

人間の脳にはミラーシステムと呼ばれる神経システムが備わっていて、目の前で生じていることをあたかも自分自身が体験しているかのような感覚を覚えるようになっています。

相手の笑顔を目にすると、そのミラーシステムの働きによって、自分自身が笑顔になる状況にいると感じて楽しい気分になってきます。

つまり、自分が笑顔になっていると、自分自身の脳でもドーパミンが増えて、楽しくやる気が高まってきます。さらに、自分の周囲の人たちの笑顔も引き出して、楽しく和やかな場作りにつながっていくのです。

4 名刺は話題の宝庫！　思わずうなづくツッコミ力

名前の読み方だけでも確認する価値アリ

名刺は情報の宝庫。ですが、多くの人がスルーしているような気がします。

あるとき、平日夜の勉強会に参加しました。20人ほどの参加者のうち、ある女性Qさんが杖をつき、歩きづらそうにしています。お年の頃は40代くらい。どうしたのかなと思いつつも、初対面で聞くのも失礼かと躊躇しながら、名刺交換しました。

頂戴してじっくり眺めたお名刺には、義足姿のQさんが可愛いイラストで描かれていました。「なるほど、義足だったんだ」と納得しつつもお伺いしたら、「初対面で義足について聞いてくれた人ははじめてです。ありがとう！」と、ニッコリ話してくださいました。

「はじめて」と聞いて腑に落ちたのは、私自身が毎回思う、名刺交換の物足りなさです。

住所や仕事の内容、講師を務める大学名や著書名など、名刺には色々なことが書いてあるのに、ほとんどの方は、読まずにそのまま名刺入れに仕舞います。

「お仕事は？」「今日はどこから来たのですか？」と、書いてあることを聞かれる度に、「名刺って見られていないな」と、いつも不思議に思います。

相手の名刺は話題の宝庫です。しかも相手が話したい、話せる内容が載っています。「何を話せばいいのかなあ……」などと悩む必要はありません。必要なのは、名刺から話題を引き出す好奇心です。

「お名前はなんとお読みするんでしょう？」

「こちらの部署は、どんなお仕事をなさっているんですか？」

「わあ、全国各地に支店があるんですね！」


など、その気になって眺めてみると、話題はいくらでも見つかります。

これまでにもらった名刺を眺めてみて、どんな話題を引き出せそうか練習してみるのもオススメです。


名刺を受け取ったら、すぐに仕舞わず、まずはじっくり眺めてみましょう。

どんな話題が見つかるか、次のお名刺をいただく機会を、どうぞお楽しみに。

5

相手の話を聞くときの作法

無表情・無反応は絶対にNG

名刺交換の後、楽しく盛り上がるかどうかは、ひとえにあなたの態度次第です。ここからは、聞き手としての腕の見せどころ、**「聞くスキル」**が大切です。

そもそも会話は双方向。相手の言葉を受けて、こちらも相手に投げ返します。気持ちのいい会話はテンポがよく、お互いの話題を引き出し合って盛り上がります。

もし片方の聞く態度が白けたものだった場合、たちまち話は盛り下がり、できれば早くサヨナラしたい。そんな気持ちになってしまいます。

無表情、無反応な人を相手に話すことはキツく、しんどいものです。

研修で1分間の無言インタビューを体験してもらった受講生のTさんに、やってみた感想を聞いたところ、「相手をキライになりました」とのこと。

次にやってもらったのは、うなずき相づち、反応を返しながらのインタビュー。同じくTさんに聞いたところ、1分後の感想は、「(相手が)すごくいい人に見えてきました」とのことでした。

これはさすがに極端ですが、聞く態度が相手に与える影響の大きさを感じずにはいられません。

学生時代バイトしていたカウンターバーでのある夜のこと。

馴染みのお客さまがやって来て、あれやこれやとおしゃべりをして、お帰りになった直後に店長からこう言われました。

「興味がないからといって、顔に出すのはやめなさい」

お客さまのお話に、反対意見を述べたわけではありません。確かに、話題に興味は持てませんでしたが、無視していたつもりもありませんでした。

しかし、目は口ほどに物を言うものです。私が見せていた態度は、言葉とは裏腹に否定的。もっと言うなら、相手のことをバカにしているようにも見えていた……。そう指摘され、ぐうの音も出ず、ただただ反省。自分の態度を見直す機会をくれた店長に、今でも感謝しています。

自分の姿は鏡や写真、ビデオなど、道具を介して見ることしかできません。にもかかわらず私たちの多くは、自分がふだんどんな風に人の話を聞いているか見ることもなく、気にもしません。

だからこそ、まずは自分の見え方を意識することから始めましょう。他の人がやっていないことに気づくだけでも大きくリードです。スキルアップの第一段階、Stage1は既にクリア。後は何をすればいいかを知って実践すればＯＫです。

「聞くスキル」のレベルを上げて、好感度も上げていきましょう。

6

鏡一枚で印象は変えられる！

一度見れば気づく、自分の意外な表情

「こんなに仏頂面だったとは、今まで思ってもいませんでした」

某企業でのコミュニケーション研修での話です。

3人チームになってもらい、2人の対話を撮影係が撮影し、みんなでお互いチェックするワークをしたときのことです。相手の話を聞く自分をはじめて動画で見たという管理職のAさんは、感想を聞くと、「ショックでした」と語ります。

「実は最近妻からも、いつも機嫌が悪そうだと言われたところだったんです」

言われたときは大して気にせず、聞き流していたというAさんも、自分の目で見て「感じ悪い！」と、ようやく態度のマズさを自覚しました。「この顔で家にいたら、そりゃあ家族はイヤですよね」と気づいたAさんファミリーの明るい未来に、拍手を送らずにはいられません。

人の態度や表情は、その場に大きく影響します。

仏頂面は空気を重くし、ニコニコ笑顔は楽しい空気にさせます。会議や職場、その場の空気を作るのは、そこにいる一人ひとりの表情です。

自分はどうだと気になるなら、まずはデスクに鏡を一枚置いてみてください。もしくは誰かにお願いして、自分のふだんの姿を撮ってもらいましょう。スマートフォンやタブレットを使えば、そんなことだっていとも簡単にできてしまいます。きっと、「百聞は一見に如かずとはこのことか！」と、色々気づくことができます。

そうか、いっちょやってみよう。

もしそう思ったら、そんなあなたにアドバイスです。**自分の姿を撮ってみて、動画チェックをするときは、最低3回見てください**。たいてい初回は「太ってる」とか「オレってこんな声なのか?!」とか、ショックと恥ずかしさの大洪水。きちんと細部が見えません。かく言う私も最初に見たとき、「何、このたくましい腕は！」と、腕にばっかり目がいきました。

2回目、3回目と慣れてきて、はじめて冷静に自分の姿を見られるようになってきます。動画チェックをするときは、他人を見る目で客観的に。改善ポイントだけでなく、いいところもきちんと見つけてあげましょう。

エディ先生のワンポイント解説

見た目が与える印象の話

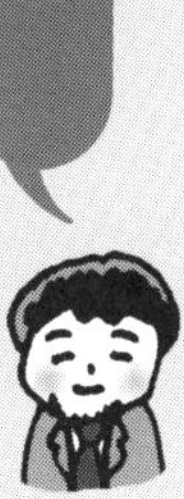

コミュニケーションでは、「何となく」といった、あまり意識しない要素が多くのメッセージを伝えていることがあります。そのため、言葉にした内容よりも、むしろ見た目や声の調子などが大きな影響力を持つことがままあります。

私たちが外部の情報を得るときには、「目（視覚）」、「耳（聴覚）」、「鼻（嗅覚）」、「舌（味覚）」、「皮膚（触覚）」の五感のアンテナを駆使しています。中でも目から入ってくる視覚情報には、実に8割以上も頼っているのだそうです。

私たちの脳には、このような、視覚に頼った情報処理の仕組みがあるのに加えて、コミュニケーションをしているときには、さらに視覚に頼っていることが知られています。

多くはコミュニケーションの手がかりとして、**耳から聞こえた話の内容よりも相手の身振りや表情といった目から入ってくる情報を優先しています。**

このような**「目で見る情報」は、コミュニケーションで得られる情報の中でも、全体の半分以上を占めている**ことが知られています。

これは「メラビアンの法則」として知られる性質で、私たちがコミュニケーションの場において、情報を受取り、脳で処理するときの〝クセ〟のようなものです。この法則では、特に相手の態度や感情がわかりづらい状況において、相手の言っている内容から得られる情報の比重が7％であるのに対して、相手の様子を見た視覚情報が55％、声のトーンや話し調子が38％と、圧倒的に話の内容以外から得る「言外の情報」に比重を置いているとされています。

ですから谷さんの挙げた例にもあるように、「仏頂面」だったり「アゴを上げる」という態度を取ることで、相手の感情を逆なですることもあります。

他にも仁王立ちや身体を大きく見せる動作といったコミュニティにおける序列を意識させるような姿勢では、意識せずとも相手が〝戦闘態勢〟に入ってしまって、和やかで円滑なコミュニケーションを妨げてしまうかもしれません。

話すときの姿勢や話ぶりといった、内容以外の部分にまで意識を向けたコミュニケーションを心掛けていきたいものです。

7

人には色々な「クセ」があることを知ろう

あなたのクセが与える印象、知っていますか？

「谷さんて、いつも何かにもたれてるよね」

そんな風に教えてくれたのは、その日のシンポジウムをご一緒する10年来の友人、女性リーダーRさんです。それまで全く意識していなかったので、「え、そう？」と軽く流してそのまま登壇、会の進行をスタートさせました。

スタートしてすぐ気づいたのは、机や椅子、ホワイトボードなど、確かに何かともたれかかる、自分自身の体のクセです。よく考えたら、10年前にも別の人に、「机に寄りかかるのは態度が大きく見えがちですから、やめたほうがいいですよ」とアドバイスをいただいたことを思い出しました。

終わってから、「気づいてなかったー！」と叫ぶ私に彼女が一言、「コアマッスルが弱いのよ」と体幹トレーニングの必要性を熱く、詳しく解説してくれました。

貧乏揺すりやペン回しなど、私たちは気づかないだけで、それぞれ色々なクセを持っています。

全てを直せとは言いませんが、よくない印象を与えるクセは、できれば気づいて直したいものです。次のリストを確認して、自分のクセもチェックしましょう。

- □ **いつも何かにもたれかかる ⇕ 体の軸を真っすぐに保つ**
- □ **片方の足に重心をかける ⇕ 両足でバランスよく立つ**
- □ **お腹を突き出した姿勢で立つ ⇕ お腹を引っ込めて胸を広げる**

□ 脚を組む　⇕　脚は組まない

私自身もそうなのですが、やっぱり筋肉不足だったり、体のゆがみの影響でしょうか。真っすぐ立っていられず、ついつい脚を組んでしまいます。立っていても座っていても、何かと物にもたれかかったり、猫背やお腹を突き出している人など、**姿勢のよくない人からは、疲れた印象を感じます。脚を組んで椅子に深く腰掛けると、自動的に偉そうな印象も与えます。**

「健康的で活力のある人だと思われたい」と思うなら、これを機に姿勢を改善しましょう。ふだんから意識することで、だんだん体が変わります。早く矯正したいなら、色々なトレーニングもぜひ取り入れてみましょう。

□ 髪の毛を触る
□ 爪をいじる
□ ペン回しをする

□ 机を指でトントンする

姿勢問題以外にも、ちょっとした動きのクセも気になるものです。視界の端で、くるりくるりと回るペン、髪の毛や爪をいじる小刻みな動きは、見ている人に、時に不快感を与えます。ただし、無意識に出るこれらのクセは、やっている本人にとって一種の精神安定剤だったりすることも事実です。

コミュニケーションの良し悪しは、結局相手が決めるもの。今一緒にいる相手が、そのクセを不快に思うかＯＫか、それによっても対処方法は変わります。

気になるなら、相手にどんな印象か、聞いてみるのも一案です。自分のクセとも上手に付き合い、お互いに心地よい対話時間を楽しみましょう。

8 うなずき・相づちの3つのポイント

うなずき／目、口、首、体……使えるものは全て使おう

態度で示す「うなずき」と言葉で伝える「相づち」と。せっかくですから単調にならぬよう、バリエーションをたくさん増やしておきましょう。

態度で見せるうなずきは、相手の話のリズムに合わせて、縦に振るのが基本です。合いの手ですから、テンポよく、あくまで相手に合わせるようにします。

速すぎたり遅すぎたり、そもそもペースの合わないうなずきは、話し手の話の腰を折り、話す気持ちを萎えさせる原因を作ってしまいます。

そしてうなずくときは、目や口、首はもちろん、全身を使います。反応豊かに相手の話を盛り上げましょう。実際に、聞き上手な人を観察してみると、全身を使って表情豊かにうなずいているなと感心します。

深さやスピードの違いはもちろん、回数も大事な要素です。

1回1回深くゆっくりうなずいたり、浅く何度もうなずいたり。真っすぐ向いた状態から顔を下げてうなずくだけでなく、いったんアゴを上げてから、深くうなずいたりもします。

目を合わせるか、外すかによっても印象は大きく違ってきます。首は動かさずに目を閉じて開く、相手がこちらを見ているなら、それだけでも十分立派なうなずき表現です。同じく口角をキュッと上げ、微笑むだけでも伝わります。

「うーん、文章で説明されてもなんかピンと来ないんだよなあ」

もしそう思うなら、お手本になる人を見つけて真似してみてはいかがでしょう。なんだかとっても話しやすい、気づくと本音を話してしまう、そんな身近な聞き上手が、きっとどこかにいるはずです。

たとえばテレビに出てくる有名人で言うと、聞き上手としてよく紹介されるのは、明石家さんまさんや阿川佐和子さんです。「人志松本のすべらない話」に出てくる芸人さんたちも、みんなそれぞれに聞き上手。彼らがどんな風に反応しているか、観察するだけでも勉強になります。

伝わる相づち3つのポイント

言葉で伝える「相づち」は、結構たくさん種類があって、色々な方が研究し、わかりやすくまとめてくれています。

応答詞：「はい」「うん」「ええ」など、聞いてるよ、を示す。

ソウ系：「そうです」「そうそう」「そうか！」など、理解を示す。

感嘆詞：「わー！」「へぇえ！」「ほう！」など、驚きや感動を示す。

「まずはこういう知識から勉強したい！」という方には、日本語研究文献などを読んでみるのもオススメです。

ですがまずは手っ取り早く、聞き上手を目指したいなら、次の3つのポイントをしっかり押さえておきましょう。

1 相づちは、単調NGと心得よう

何を言っても「はい」「はい」「はい」。

同じトーンで返される相づちは、話し手からしてみれば、反応があってないようなもの。「本当にちゃんと聞いてくれているのかな」と、心配になってきます。

以前出会ったあるビジネスパーソンのWさんは、とても感じのいい方だったのですが、なぜか相づちは「なるほどですね！」一辺倒。

「なるほど」に「ですね」が加わる違和感もさることながら、あまりの単調っぷりに、なんだかぐったりしてしまい、話す気持ちが萎えてしまいました。

「はい」「なるほど！」「わかりました」「ええ」「そうですね」など、色々な言葉と声の大きさ・トーンを使い分けましょう。

2 相づちは、「無感動NG」と意識しよう

相手との会話を盛り上げたいと思うなら、大切なのは相づちのノリです。

オススメなのは、相手の話に多少の「驚き」「感動」を伝える相づちを打つことです。

【中継現場】
実はですね、このミュージカルの本番の会場が、電車の中なんです。
【スタジオ】
ああ、そうなんですね。

ＮＨＫ放送文化研究所が定期発行している「放送研究と調査」2013年2月号に掲載されていたこのやり取り、みなさんが中継現場の話し手だとしたら、スタジオからの相づちをどんな風に感じますか？

このやり取りをチェックした放送委員のコメントによれば、「実は～なんです」という発言に対し、これでは「さらっと流れ過ぎ」。この記事を紹介している梶原しげる氏のウェブ講座「プロのしゃべりのテクニック」に至っては、「無感動相づち言葉だ！」と、なかなか酷評されています。

感じ方、受け取り方は人それぞれではありますが、せっかくなら話し手の気分を盛り上げる、上手な相づちを打ちたいものです。そう思いつつ、先にも上げた聞き上手・明石家さんまさんの受け答えを見ていると、どんな話に対してでも「へえ!」「うわー」「そうなの?!」など、驚きと好奇心が伝わる【感動相づち】がてんこ盛りです。

ぜひ相づちにも気持ちを込めて、話を上手に盛り上げましょう。

3 「相づちにも、口グセあり」と自覚しよう

「ホントに?」「あららら」「あちゃー」など、書き出してみると恥ずかしい。社会人ビギナーだった20代の私は、こんな相づちをふだん気づかず使っていました。「感じ悪いよ」と指摘して、気づかせてくれたのは当時の上司です。

「谷くん、その口グセは何とかならんのか」と言われても「何のこと?」と思うほど、自分のクセには気づきにくいもの。逆に言えば口グセは、気づきさえすれば矯正できる、簡単改善ポイントです。

周りの意見を聞いてみる、ふだんの会話を時々録音し、自分自身でチェックしてみるなど、口グセをチェックする機会を定期的に持ちましょう。

また、言葉遣いは時代と共に変わりますから、自分自身はよくても、知らないうちに相手に違和感を感じさせていることもよくあります。「そんなのなかなか気づけないよ！」と思うなら、言葉に関するコラムや記事など、時々チェックすることもオススメします。

たとえば先ほど引用した、ＮＨＫ放送文化研究所のウェブサイトにも毎月一度、言葉に関する色々な記事が無料で公開されています。http://www.nhk.or.jp/bunken/kotoba/index.html

自分の話を興味深く聞き、盛り上げてくれる相手には、ついつい話をしたくなるもの。だからこそ、聞き上手の周りには色々な人が集まって、情報もたくさん集まります。**人も情報も集まるから、聞き上手な人は結果的に、話題も豊富な話し上手になれるのです。**

図10　話し手の気分を盛り上げる相づち

1
目でうなずき
（閉じる＆開く）

2
体でうなずき
（そる＆曲げる）

3
顔でうなずき
（開く＆縮める）

4
あごでうなずき
（ゆっくり＆早く）

うなずき・相づちを意識して、今日からどんどん盛り上げ上手な聞き上手。タイプや戦略を理解してコミュニケーションスキルを磨いていけば、どんな相手との「はじめまして」も、次につながる出会いにすることができます。「なんだか最近変わったね」「今度一緒に何かやろうよ」と周りの評価も上がります。

未来に大きな差をつける最初の一歩は、いつもの会話を少しだけ変えるところから。今日から早速実践して、確実にレベルアップしていきましょう。

エディ先生のワンポイント解説

上手なうなずき方とは

相手の話を聞くときには、上手に相づちを打ちながら、うなずきながら、がいいものです。**うなずきは、自分が相手の話をちゃんと聞いている、という言外のメッセージを伝えて円滑なコミュニケーションを取るために有用な手段だ**

からです。

相づちやうなずきの目的のひとつは、相手が気持ちよく話を進められるようにすることなので、相手の認知負荷が低い動きをすることが大切です。

これには、単純な軌道のくり返し運動、特にリズムとスピードが大事な要素と言えます。

相手にちゃんと聞いていることを知ってほしくて、なるべく目立つようにしがちですが、話の途中で突然、激しく首を振り出すような〝縦ノリ〟系の動きをすると、された相手も驚いてしまいます。人間は予想外のことが起きると、それがどんな性質のことかを確認してしまうので、いわば認知負荷が高い状態になってしまい、円滑なコミュニケーションが取れなくなってしまいます。

できるだけ同じ範囲の場所でゆっくりと。そしてできれば相手の話のリズムに合わせた相づちを打つのが、円滑なコミュニケーションのコツでしょう。

第５章
まとめ

1 ➡ 講演会などで席に座る瞬間、隣の人に「こんにちは」と話しかけよう

2 ➡ 話しかけるきっかけに迷ったら「ありがとう」を伝えよう

3 ➡ 挨拶を返すときは口角を上げて笑顔の筋トレをしよう

4 ➡ 名刺は話題の宝庫。名前の読み方、部署名……まずは眺めてみよう

5 ➡ 聞くときの態度が与える影響は多大。自分の見え方を意識しよう

6 ➡ 鏡や動画で自分の姿を映して、３回見よう

7 ➡ 自分のクセは良いか悪いか？周りの人に聞いてみよう

8 ➡ うなずくときは、目、口、首……使えるものは全て使おう

おわりに

ここまで読んでいただき、ありがとうございます。

この本は、コミュニケーションスキルを上げる秘訣をまとめたものです。相手と自分のコミュニケーションのタイプや傾向もわかって、これから自分のコミュニケーションスタイルがどのように変わっていくのか、楽しみが増えたのではないでしょうか。

「やる気とその気」がコミュニケーションのカギ

何か物事を推し進めて成し遂げるには「やる気とその気」が大切です。

「やる気」はもちろんモチベーションのこと。この本を手に取ってくださったあなたは、「コミュニケーションスキルを上げたい」というモチベーションが充分にあると思います。

一度心に灯った「やる気」の火を絶やさないように、ぜひ本書の内容を実践して振り返りの時間を取ってみてください。モチベーションを持続させるには、とにかく始めてみるのが得策。そして、ところどころにご褒美になるイベントを設けるのも有効なことです。

もうひとつの「その気」とは、本文の解説でも触れたセルフ・エフィカシーのことです。充分に「その気」になっているときはセルフ・エフィカシーが高い状態なので、目の前にハードルがあっても「自分なら越えられる」というメンタリティになっているものです。

そして、読者のあなたも、この本を読み進めるうちに「やる気」だけでなく「その気」も高まってきたのではないでしょうか。

セルフ・エフィカシーを高めるためのよい手は、上手くいっている人をロールモデルにすることでした。谷さんのようにコミュニケーションスキルの高い人がどのようなことを考えて実践してきたのかを学ぶことができる本書は、あなたの「その気」を高めるには適した良書だと思っています。

ダイバーシティーが謳われる今、文化的背景も考え方も大きく異なる多様な人たちと働く機会が多くなってきています。周囲の人たちと共同して物事を進める必要性は、今後ますます増えていくことでしょう。

そのような多様性の中にあって、多くの人たちと触れ合う楽しみや様々な知見を得るためにも、コミュニケーションスキルを高めていくことが必須になります。

「やる気とその気」が高まっている今こそ、実践に移す好機です。

ひとりでも多くの方が本書の内容を実践し、コミュニケーションがうまくいったと実感できることで毎日を愉快に過ごすことができたならば、著者としてこれに優る喜びはありません。

共著者の谷さんとは、コラボ企画でセミナーを定期的に開催しています。この本の内容は、そこでお話しているものの一端をご覧いただくために書き進めました。

本書をお読みになった方と、いつの日にかセミナーでお会いできるのを楽しみにしています。

最後になりましたが、企画の立案から予定の調整、そして本文の編集に根気強くお付き合いくださいました総合法令出版の大島永理乃さん、営業の酒井巧さん、デザイナーの土屋和泉さんをはじめ多くの方々に、心より御礼を申し上げます。

２０１５年10月　夜空に月が美しい日に

著者を代表して　枝川義邦

谷益美　Masumi Tani

コーチ・ファシリテーター / 株式会社 ONDO 代表取締役
1974 年香川県生まれ。香川大学卒。
建材商社営業職、IT 企業営業職を経て 2005 年独立。早稲田大学ビジネススクール非常勤講師。NPO 法人国際コーチ連盟日本支部顧問。専門はビジネスコーチング及びファシリテーション。企業、大学、官公庁などで研修や講義・会議など、年間約 200 本の対話の場づくりを行う。2015 年度＆ 2019 年度、優れた講義を実施する教員に贈られる「早稲田大学ティーチングアワード」を受賞。
著書に、『リーダーのための！ ファシリテーションスキル』『リーダーのための！ コーチングスキル』『まとまる！決まる！動き出す！ホワイトボード仕事術』（以上すばる舎）、『マンガでやさしくわかるファシリテーション』（日本能率協会マネジメントセンター）がある。

枝川義邦　Yoshikuni Edagawa

脳科学者／早稲田大学リサーチイノベーションセンター教授
1969 年東京都生まれ。東京大学大学院薬学系研究科博士課程を修了して薬学の博士号、早稲田大学ビジネススクールを修了して MBA を取得。脳の仕組みや働き、人間のこころや行動について、テレビや雑誌への出演も多い。2015 年度に「早稲田大学ティーチングアワード」総長賞、2017 年度にユーキャン新語・流行語大賞を受賞。
著書に、『記憶のスイッチ、はいってますか〜気ままな脳の生存戦略』（技術評論社）、『「脳が若い人」と「脳が老ける人」の習慣』（明日香出版社）、『「覚えられる」が習慣になる！記憶力ドリル』（総合法令出版）などがある。

装丁　　　　　萩原弦一郎、藤塚尚子（デジカル）
企画協力　　　池田千恵
本文デザイン　土屋和泉
図表、ＤＴＰ　横内俊彦
イラスト　　　谷　益美

タイプがわかればうまくいく！
コミュニケーションスキル

2015年11月２日　初版発行
2020年２月22日　４刷発行

著　者　谷 益美・枝川義邦
発行者　野村直克
発行所　総合法令出版株式会社
〒103-0001 東京都中央区日本橋小伝馬町 15-18
ユニゾ小伝馬町ビル９階
電話　03-5623-5121

印刷・製本　中央精版印刷株式会社

落丁・乱丁本はお取替えいたします。

ISBN 978-4-86280-476-1

総合法令出版ホームページ　http://www.horei.com/